N5合格！

日本語能力試験問題集

The Workbook for the Japanese Language Proficiency Test

N5 漢字 スピードマスター

"for KANJI Beginner"

Quick Mastery of N5 Kanji

Nắm Vững Nhanh Từ Kanji N5

倉品さやか 著

Jリサーチ出版

はじめに

Preface
Lời nói đầu

みなさんも知っているように、日本語には３種類の文字があります。ひらがなとカタカナ、そして漢字です。漢字は、ひらがなやカタカナ、また、アルファベットなどとも違い、一字一字に意味があります。読み方も、日本語の場合はほとんどが一つでなく、二つや三つ、多い場合はさらにあります。

漢字を初めて勉強するみなさんはちょっとびっくりするかもしれません。そこで、この本では次のようなことを工夫しました。(1) 漢字の形がよくわかるように、文字を大きくし、書くときのポイントを一言加えました。筆順のほかに、「とめ」「はね」「はらい」のような書き方も示しました。(2) 全部ではありませんが、覚えるヒントになるイラストもあります。(3) 読み方については、はじめはできるだけ１つの漢字に１つの読み方を紹介し、最後のユニットで別の読み方を紹介しています。そのほか、その課で学ぶ漢字を使った会話もあり、みなさんと同じく日本語を勉強しているマリオとリサが登場します。ドリルや問題もたくさんありますから、繰り返し練習して少しずつ漢字と、漢字を使ったことばを覚えていきましょう。

漢字は数がたくさんありますが、この本では日本語能力試験の N5 レベルの漢字をマスターすることをめざします。そうすることで、漢字学習の基礎をつくります。漢字はちょっと苦手だ、という人も多いでしょうが、それは日本人も同じです。でも、漢字は覚えると、とても便利で、役に立つものです。あせらず、一つずつストックを増やしていきましょう。そうすれば、漢字の勉強もだんだん楽しくなってくるはずです。そのためにぜひ、この本を活用してください。

著者

●会話に出てくる主な人●

Main Characters／Nhân vật chính xuất hiện trong đoạn hội thoại

マリオ

男性留学生
male foreign exchange student
nam lưu học sinh

リサ

女性会社員。研修のために来日。
female company employee. Came to Japan for training.
nữ nhân viên công ty, tới Nhật Bản thực tập.

As you know, Japanese is written using three sets of characters: hiragana, katakana, and kanji. Unlike hiragana, katakana, the alphabet, and more, each individual kanji has its own meaning. In Japanese, most do not have just one reading, but two, three, or even more.

This may be a bit of a surprise to those of you studying kanji for the first time. That's why this book has done the following: (1) Characters have been made large so that you understand the shape of the kanji well, and advice for writing them is also included. In addition to the stroke order, writing methods such as "stop," "sharp turn," or "lift up" are also indicated. (2) Illustrations to help you remember the kanji are included, though not for every character. (3) With regards to readings, one reading is initially introduced for each kanji, while other readings are introduced in the final unit. There are also conversations that use the kanji learned within each lesson where Mario and Lisa, who are Japanese learners just like you, appear. There are also many drills and questions, so try and gradually learn kanji and words that use kanji through repetition and practice.

While there are many kanji, the aim of this book is to help you master kanji from the N5 level of the Japanese-Language Proficiency Test. Doing so will build a foundation for kanji learning. Though there are probably many of you who say they have some trouble with kanji, the same goes for Japanese people. However, learning kanji is a very convenient and useful skill. Don't panic or rush, and just add one new kanji to your repertoire at a time. Doing so should make learning kanji more and more fun as well. I hope you will use this book for that purpose.

The aurthor

Như các bạn đã biết, tiếng Nhật có 3 loại chữ viết. Đó là chữ Hiragana, chữ Katakana và chữ Hán. Chữ Hán, khác với chữ Hiragana, Katakana và cả chữ Alphabet, là mỗi chữ đều có ý nghĩa riêng. Về cách đọc thì không chỉ có một mà có hai, ba hoặc nhiều cách đọc.

Chắc hẳn đây là điều khác bất ngờ với những bạn mới học chữ Hán. Chính vì vậy cuốn sách này đã có những điểm cải tiến như sau. (1) Chữ Hán được viết to, và thêm chú ý khi viết để người đọc hiểu rõ được hình dạng của chữ. Ngoài thứ tự các nét còn có hướng dẫn cách viết như "nét hất" "nét phẩy" "nét sổ". (2) Không phải toàn bộ nhưng một số chữ còn có kèm hình minh họa để dễ ghi nhớ hơn. (3) Về cách đọc, ban đầu chỉ giới thiệu mỗi chữ Hán một cách đọc, còn ở bài cuối có giới thiệu thêm các cách đọc khác. Ngoài ra còn có các đoạn hội thoại dùng chữ Hán đã học ở bài đó với sự xuất hiện của Mario và Lisa, cũng là 2 người học tiếng Nhật giống với các bạn. Bài luyện tập rất phong phú nên bạn có thể luyện tập nhiều lần để ghi nhớ chữ Hán cũng như từ vựng có sử dụng chữ Hán.

Số lượng chữ Hán trong tiếng Nhật rất nhiều nhưng với cuốn sách này bạn hãy đặt mục tiêu ghi nhớ thành thục chữ Hán cấp độ N5 kì thi năng lực tiếng Nhật. Nhờ vậy bạn sẽ có được nền móng học tập chữ Hán. Chắc hẳn có nhiều bạn nghĩ mình kém chữ Hán nhưng người Nhật cũng vậy. Nhưng nhớ được chữ Hán sẽ giúp ích cho bạn rất nhiều. Chính vì thế bạn không cần vội vàng mà cứ học chắc từng chút một. Như thế bạn sẽ thấy việc học chữ Hán vui hơn rất nhiều. Chính vì điều đó, chúng tôi hy vọng bạn sẽ sử dụng thật hữu ích cuốn sách này.

Tác giả

もくじ

Table of Contents
Mục lục

★「音声ダウンロードのご案内」は、巻末の別冊の前にあります。
"Audio download information" is located at the end of the book, before the separate volume.
Phần "Thông tin tải âm thanh" nằm ở cuối sách, trước tập riêng.

この本の使い方

How to Use This Book
Cách sử dụng sách

場面やテーマに関係する短い会話

▶ここで学習する漢字をいくつか含み、太くしています。

There are short conversations related to these situations and themes.
Target kanji are present in bold.

Đoạn hội thoại ngắn liên quan tới bối cảnh và chủ đề
Những chữ Hán học ở đây cũng được bôi đậm

場面やテーマ

▶一つのユニットに３～４つあります。

Situations and Themes
Each Unit contains 3-4 everyday situations.

Bối cảnh và chủ đề
Trong một bài có 3-4 bối cảnh hoặc chủ đề.

書き順

▶「•」は「トメ」、「→」は「はらい」

Stroke order
「•」is a stop, and「→」is a sweep

Trình tự viết
"• "là "nét sổ", "→ " là "nét phẩy

書き方のポイント

※一部の漢字については、昔の漢字や、さらに、そのもとになったイメージを紹介します。

Writing advice
* For some kanji, older kanji or even the images they were based on will be introduced.

Chú ý cách viết
※Một phần chữ Hán có giới thiệu chữ Hán cổ và tranh vẽ hình dạng gốc của chữ Hán.

画数

Stroke count
Số nét

漢字の漢越音

kanji reading in Vietnamese
Âm Hán Việt của chữ Hán

漢字の中心的な意味

Core Meaning
Ý nghĩa chính của chữ Hán

読み

▶ひらがなは訓読み、カタカナは音読みです。

Kanji Readings
Japanese "kun'yomi" readings are in Hiragana, Chinese "on'yomi" readings are in Katakana.

Cách đọc chữ Hán
Chữ Hiragana là âm Nhật, chữ Katakana là âm Hán

その漢字を含む熟語などの例

Sample Vocabulary
Ví dụ từ ghép chứa chữ Hán

なぞり書きでれんしゅう

▶なぞり書きをして、字の形をとらえましょう。

Practice by tracing
Trace the characters to understand their shape.

Luyện tập bằng cách tô chữ
Tô theo mẫu để nắm được hình dạng của chữ.

UNIT 1

1 しゅうかん

／20

One Week／1 tuần

マリオ：はじめまして。マリオです。
３**日**まえに　にほんに　きました。
どうぞ　よろしく　おねがいします。
せんせい：こちらこそ　どうぞ　よろしく。
マリオ：じゅぎょうは　あしたからですね。
せんせい：ええ。**月**よう**日**から　**金**よう**日**まで　まい**日**　ありますよ。
マリオ：はい。がんばります。

Mario: Hello. I'm Mario.
I came to Japan three days ago.
It's nice to meet you.
Teacher: It's nice to meet you too.
Mario: Classes start tomorrow, correct?
Teacher: Yes. There are classes every day from Monday to Friday.
Mario: Okay. I will do my best.

Mario: Xin chào, em là Mario.
Em đến Nhật 3 ngày trước.
Rất mong được thầy giúp đỡ.
Thầy giáo: Rất vui được gặp em.
Mario: Giờ học bắt đầu từ ngày mai phải không ạ?
Thầy giáo: Đúng thế. Từ thứ 2 đến thứ 6, ngày nào cũng có giờ học.
Mario: Vâng, em sẽ cố gắng

1 日

②③：ほぼ直角に曲げる
Bend at nearly a right angle
Gần như gập thẳng góc

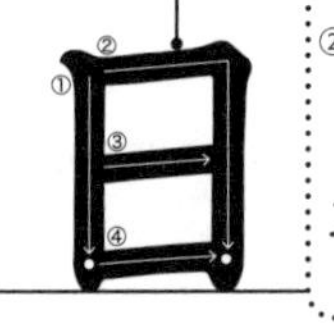

ひ	やすみの日	day off	ngày nghỉ
	たんじょう日	bairthday	ngày sinh nhật
か	３日まえ	three days ago	3 ngày trước
ニチ	日よう日	Sunday	chủ nhật
	まい日	every day	hàng ngày

日 日 日 日 日 日

4画　NHẬT　day; sun

2 月

①：わずかなカーブ
A slight curve
Nét cong nhẹ

はらう　はねる

つき	まい月	every month	hàng tháng
	月よう日	Monday	thứ 2
ゲツ	こん月	this month	tháng này
	らい月	next month	tháng sau
ガツ	４月	April	tháng 4
	しょう月	New Year	Tết

月 月 月 月 月 月

4画　NGUYỆT　moon

16

記号などの使い方 usage of symbols／Cách dùng các kí hiệu

→ …「→9-3」＝「ユニット 9-3 を見てください」

★ …特別な読み方の言葉 example of unique reading／Từ có cách đọc đặc biệt

ドリル A ＿の ことばは ひらがなで どう かきますか。ただしい よみを えらんで ください。 1点×5

UNIT 1 はじめに

❶ コーヒーを 二つ ください。 a. ひとつ b. ふたつ
❷ 七日は ちょっと いそがしいです。 a. なななか b. なのか
❸ 一つめの しんごうを みぎに まがって ください。 a. ひとつ b. いち
❹ かぞくは 四にんです。 a. よ b. よん
❺ 六さいの こどもが います。 a. ろっ b. ろく

漢字の正しい読みを答えるドリル
Drill: Identify the proper reading
Bài luyện tập trả lời cách đọc đúng của chữ Hán

ドリル B ＿の ことばは どう かきますか。えらんで ください。 1点×5

❶ ＿(いつつ)ずつ はこに いれて ください。 a. 五つつ b. 五つ
❷ まいにち ＿(しち)じに おきます。 a. 七 b. セ
❸ ＿(みっつ)で 1000 えんです。 a. 二つ b. 三つ
❹ ここから にほんまで ＿(ろく)じかん かかります。 a. ハ b. 六
❺ ＿(いち)ねん まえから にほんごを べんきょうして います。 a. 一 b. 日

正しい漢字を答えるドリル
Drill: Identify the correct kanji
Bài luyện tập trả lời chữ Hán đúng

ドリル C いいほうを えらんで、ぜんぶ ひらがなで ＿に かいて ください。 1点×10

(れい) きょうは（ⓐ15日 b.15月）です。 じゅうごにち

❶ あにが（a. 三にん b. 一ねんせい）います。 ＿＿
❷ いもうとは いま（a. 四月 b. 四さい）です。 ＿＿
❸ らい月の（a. 一日 b. 一つまでに） できますか。 ＿＿
❹ この くすりを（a. 三日まえ b. 五日かん） のんで ください。 ＿＿
❺（a. 二月 b. 六つ）に ゆきが ふりました。 ＿＿

正しい語を選び、自分で読みを書くドリル
Drill: Select the correct word and provide its reading
Bài luyện tập chọn từ đúng, tự viết cách đọc

21

◎ 一字ごとの漢字の読みは、基本的なものを示しています。ただし、一部、話すときに発音しやすいように変化したものも取り上げます。

Basic readings for each kanji are indicated. However, some portions have been changed so that they are easier to pronounce when spoken.

Cách đọc của mỗi chữ Hán là cách đọc cơ bản. Tuy nhiên, cũng đưa ra một số chữ Hán có thay đổi cách đọc để dễ phát âm hơn khi nói.

学習の流れ
(がくしゅう)(なが)

Learning flow／Trình tự học

メインのパート：

N5 漢字の学習

Main Focus: N5 Kanji

Phần chính: Học chữ Hán N5

▶テーマごとの5つのユニット×3～4のユニット

5 units for each theme, with 3-4 sub-units

11 bài x 3-4 bối cảnh

▶1つの小ユニットに5～7字の漢字と約15～20の単語を紹介
(ひと)　　(しょう)　　　　　　　(じ)　(かんじ)　(やく)　　　　　　(たんご)　(しょうかい)

5-7 kanji and 15-20 terms introduced in each sub-unit

Mỗi bối cảnh giới thiệu 5-12 chữ Hán và khoảng 15-20 từ

① リストに沿って漢字1字ずつの基本を学習
(そ)　　(かんじ)(じ)　　　　(きほん)(がくしゅう)

Learn the basics of each kanji along the list

Học cơ bản từng chữ Hán bằng bảng ở trang bên trái

② 3つのドリルで、漢字の読み書き、意味や使い方を確認
(みっ)　　　　　　　　(かんじ)(よ)(か)　(いみ)　(つか)(かた)(かくにん)

Practice kanji reading, writing and usage with 3 provided drills

Xem lại cách đọc viết chữ Haasnm ý nghĩa và cách dùng bằng 3 bài luyện tập

③ ユニット最後の「まとめもんだいA」「まとめもんだいB」で復習

「Review Questions A」「Review Questions B」tests all information contained in a Unit

Ôn tập lại bằng「Bài tập tổng hợp A」「Bài tập tổng hợp B」ở cuối mỗi bài

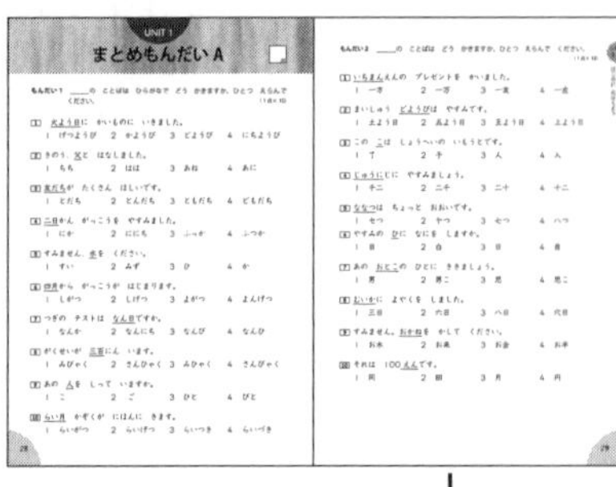

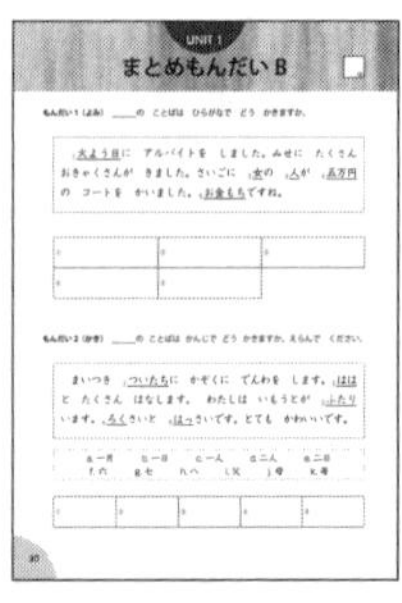

↓

実力テスト

Practice Exam

Bài kiểm tra thực lực

④日本語能力試験と同じ形式の問題で実力チェック
(に)(ほん)(ご)(のうりょく)(し)(けん)(おな)　(けいしき)(もんだい)(じつりょく)

※2回チャレンジします。

Check your ability with questions styled after the actual JLPT　※ Two tests included

Kiểm tra thực lực bằng bài có hình thức giống bài thi năng lực tiếng Nhật.　※ Thử sức 2 lần

↓

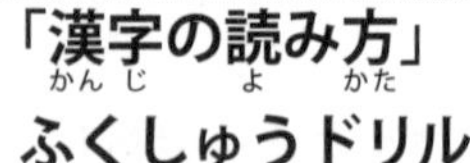

「漢字の読み方」ふくしゅうドリル

"Kanji Readings "review drill

Bài luyện tập "Cách đọc chữ Hán"

学習したN5レベルの漢字の読み方を、目・耳・口・手を使って総復習
(がくしゅう)　　　　　　　　　(かんじ)(よ)(かた)　(め)(みみ)(くち)(て)

Comprehensive review of learned N5-level kanji readings using the eyes, ears, mouth, and hands.

Tổng ôn tập bằng mắt, tai, miệng, tay cách đọc chữ Hán cấp độ 5 đã học

PART 1
漢字のパターンとルール

Kanji Patterns and Rules／Các dạng và quy tắc của chữ Hán

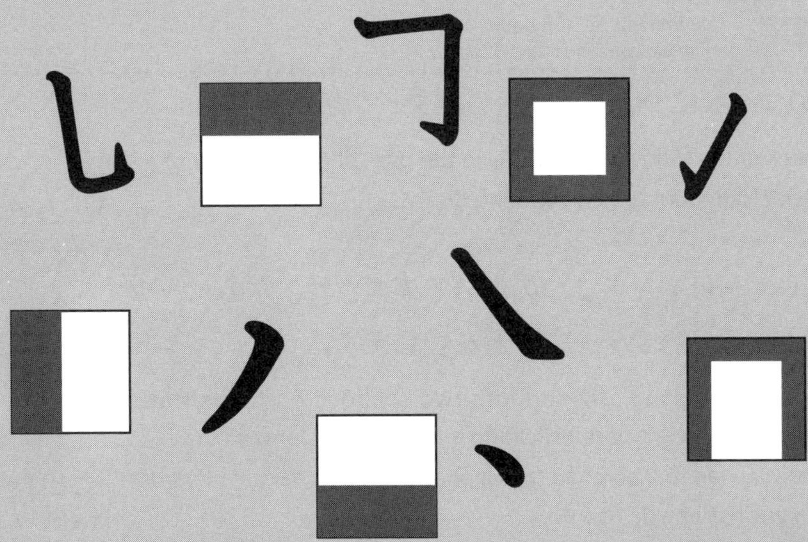

漢字は、一つ一つが意味と音を表します。日本語ではそれが十分に生かされ、たくさんのことばや表現が作られてきました。最初は覚えるのが大変かもしれませんが、慣れれば、どんどん漢字とことばを覚えられるようになるでしょう。そのためには、漢字の形や意味のパターンとルールを知ることが大切です。ここではまず、その基本を学びましょう。

Each individual kanji has its own meaning and sound. Japanese has made full use of this to create many words and expressions. While it may be difficult to learn them at first, you should be able to learn more and more kanji once you get used to them, as well as vocabulary. Knowing the patterns and rules of kanji shapes and meanings is important to doing this. We'll learn those basics here.

Mỗi chữ Hán lại có ý nghĩa và âm riêng. Đặc trưng này được phát huy triệt để trong tiếng Nhật nên tạo ra được rất nhiều từ và cách nói. Ban đầu có thể khó nhớ nhưng khi quen rồi sẽ nhớ được nhiều chữ Hán cũng như từ vựng. Vì thế, cần phải biết được hình dạng chữ Hán cũng như các dạng và ý nghĩa. Trước tiên chúng ta hãy cùng học kiến thức cơ bản của chữ Hán.

1 漢字の形のパターン Kanji Shape Patterns / Các kiểu hình dạng của chữ Hán

漢字は、基本的にいくつかのパーツの組み合わせで作られています。それらのパーツをたくさん知っているほど、漢字の形を理解し、覚えやすくなります。

Generally, kanji are created using a combination of different parts. The more of these parts that you learn, the easier time you'll have understanding and remembering the shape of a kanji.

Về cơ bản, chữ Hán được kết hợp từ vài bộ phận. Càng biết nhiều các bộ phận này thì càng dễ hiểu và ghi nhớ được chữ Hán.

漢字全体の形 Overall Shape of a Kanji / Hình dạng cơ bản của chữ Hán

漢字全体のつくりについては、次のパターンが多いです。

You will often see the following patterns in the overall construction of a kanji.

Cấu tạo của chữ Hán thường theo các dạng dưới đây.

		パーツの例 Example parts/ Ví dụ	漢字の例 Example Kanji / Ví dụ
■□	大きく分けて左右2つの部分で構成され、左のパーツが、ある分野やテーマなどを表します。 Broadly speaking, divided into two sections on the left and right, with the left part indicating a field, theme, and so on. Được cấu tạo từ 2 bộ phận trái và phải, phần bên trái thể hiện một lĩnh vực hay chủ đề nào đó.	亻（人）person / Nhân 言（ことば）word / từ vựng	休 (rest / nghỉ) 話 (speak / câu chuyện)
■ over □	大きく分けて上下2つの部分で構成され、上のパーツが、ある分野やテーマなどを表します。 Broadly speaking, divided into two sections on the top and bottom, with the top part indicating a field, theme, and so on. Được cấu tạo từ 2 bộ phận trên dưới, phần trên thể hiện một lĩnh vực hay chủ đề nào đó.	艹（植物）plant / thực vật	花 (flower / hoa)
□ over ■	大きく分けて上下2つの部分で構成され、下のパーツが、ある分野やテーマなどを表します。 Broadly speaking, divided into two sections on the top and bottom, with the bottom part indicating a field, theme, and so on. Được cấu tạo từ 2 bộ phận trên dưới, phần dưới thể hiện một lĩnh vực hay chủ đề nào đó.	儿（人）person / Nhân	兄 (elder brother / anh)
口 冂	口や冂のように、全体が四角い形状です。 An overall square shape, such as 口 or 冂. Chữ có hình dạng tổng thể hình chữ Nhật như 口 hay 冂.	口 冂	四 (four / bốn) 間 (interval, space / ở giữa)

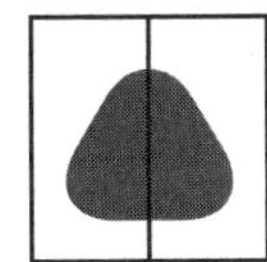

左右がほぼ対称の形です。
Left and right are nearly symmetrical.
Hình dạng gần như đối xứng trái phải .

漢字をつくる基本パーツ

Fundamental Parts that Create Kanji
Các bộ phận cơ bản tạo nên chữ Hán

漢字をつくるパーツのうち、よく使われる基本的なものを覚えましょう。線の長さや傾き、まげる角度など、さまざまですが、たいていの漢字の大部分がこれらでつくられます。

Let's learn the fundamental, often-seen parts used to make kanji. While they are varied in line length, slant, angle of turn, and so on, you can make most kanji with the following.

Hãy ghi nhớ những bộ phận cơ bản thường được dùng để tạo nên chữ Hán. Có rất nhiều như độ dài, độ nghiêng của nét thẳng, góc gập v.v… nhưng đại phần chữ Hán được cấu tạo từ những bộ phận dưới đây.

よこ（よこせん） Sideways line Nét ngang	左から右に書き、最後はとめます。 Drawn from left to right, coming to a stop at the end. viết từ trái sang phải, dừng ở cuối.	一 三
たて（たてせん） Vertical line Nét sổ	上から下にまっすぐ書きます。最後はとめ、はらい、はねのそれぞれのタイプがあります。 Drawn straight from top to bottom. There are different ways to end this stroke, such as coming to a stop, a sweep, and a jump up. Viết thẳng từ trên xuống dưới. Dừng ở cuối, hất hoặc phẩy.	中 小
ななめ（左はらい） Diagonal (left sweep) Nét nghiêng (phẩy sang trái)	左ななめ下にはらう曲線です。カタカナの「ノ」のような線もあれば、弓のようにゆるやかな曲線もあります。 A sweeping, curved line that goes down and to the left. Some lines are drawn like the katakana「ノ」, while there are other more gentle lines that are curved like a bow. là nét cong phẩy từ trái chéo xuống dưới. Có nét giống với chữ ノ , cũng có nét cong nhẹ như đường cung.	木 月
	長さが短く、少しフラットな「ノ」のような線もあります。字のトップに置かれることが多いです。 There are also lines that are short and like a somewhat flattened「ノ」. These are often used at the top of a kanji. nét giống chữ ノ viết hơi nông, ngắn. Thường ở vị trí trên cùng của chữ.	千

㇏	ななめ、または、右(みぎ)はらい Diagonal, or right sweep nét nghiêng, hoặc phẩy sang phải	右(みぎ)ななめ下(した)にはらう曲線(きょくせん)です。 A sweeping, curving line that goes down and to the right. Là nét cong phẩy từ phải chéo xuống dưới.	大
㇕ ㇆	かくかぎ、または、折(お)れ Bend nét gập	※右(みぎ)のコーナーでターンするタイプ This type has a corner that turns to the right. Loại gập ngược ở góc phải 最後(さいご)にはねが入(はい)るタイプもあります。 There are also types that jump up at the end. Có loại cuối cùng là nét hất.	日
㇗ ㇟	かくかぎ、または、折(お)れ Bend nét gập	※左(ひだり)のコーナーでターンするタイプ This type has a corner that turns to the left. Loại gập ngược ở góc trái 最後(さいご)にはねが入(はい)るタイプもあります。 There are also types that jump up at the end. Có loại cuối cùng là nét hất.	先
く	くのじ く -shape chữ く	ひらがなの「く」の字(じ)に似(に)た形(かたち)です。 A shape similar to the hiragana「く」. Có hình dạng giống với chữ く	女
、	てん dash phẩy	左上(ひだりうえ)から右下(みぎした)への、とても短(みじか)い線(せん)です。 A very short line from the upper left to the bottom right. Nét rất ngắn từ trái bên trên xuống phải bên dưới.	国 雨

カタカナもヒントになる
Katakana Can Provide Help Too
Tham khảo từ chữ Katakana

カタカナは、漢字(かんじ)をもとにつくられたといわれています。実際(じっさい)、漢字(かんじ)の中(なか)に、カタカナの字(じ)と似(に)ている部分(ぶぶん)をよく目(め)にすることができます。

It's said that katakana were created based on kanji, and in fact, you will often see parts of kanji that are similar to katakana characters.

Người ta nói rằng chữ Katakana được tạo ra từ chữ Hán. Thực tế, trong chữ Hán có nhiều nét giống với chữ Katakana .

例(れい) Example Ví dụ：ノ→九(nine / cửu)、フ→水(water / thủy)、イ→休(rest / hưu)、エ→左(left / tả)、ヒ→花(flower / hoa)

漢字の書き方のルールとポイント Rules and Advice When Writing Kanji / Quy tắc và chú ý khi viết chữ Hán

① 上から下に書きます。※以下、①～④は基本的な流れ、順序で、そうでない場合もあります。

Write from top to bottom. ※①-④ here are a basic order, and there are exceptions to these rules.

Viết từ trên xuống dưới. ※ từ ① ~ ④ là trình tự cơ bản nhưng cũng có lúc không theo đúng quy tắc.

② 左から右に書きます。

Write from left to right. ／Viết từ trái sang phải.

③ よこせん、たてせんの順で書きます。

Write horizontal lines, then vertical lines. ／Viết theo trình tự nét sổ ngang, nét sổ thẳng.

④ ななめせんは、左方向、右方向の順で書きます。

Leftward diagonal lines are drawn first, then rightward diagonal lines.

Nét nghiêng viết theo trình từ hướng trái, hướng phải.

⑤ 上に示したパーツを「画」といいます。「画」は、ひといきで（＝筆やペンを紙などから離さないで）書きます。

The parts seen above are known as "kaku." Kaku are written with one stroke (where your brush or pen does not leave the paper, etc.).

Những bộ phận trên được gọi là "nét". "Nét" được viết một mạch (tức từ bút không rời khỏi mặt giấy)

⑥ 漢字はもともと筆で書いていたので、それに関係するポイントがあります。「とめ」「はらい」「はね」などです。字の形を特徴づけるもので、確認するようにしましょう。

※ ただし、字の全体的な形をとらえて区別することが第一です。細かい点は気にしすぎないようにしましょう。

Kanji were originally written with brushes, and so there are some elements related to that, such as stopping, sweeping, or jumping at the end of a stroke. As these are distinguishing features of kanji, you should pay attention to these.

* However, understanding and discerning between the overall shapes of kanji is most important of all. Don't worry too much about small details.

Chữ Hán vốn được viết bằng bút lông nên có nét sổ, nét hấy, nét phẩy. Hãy chú ý vì đây là đặc chưng của từng chữ.

※ Tuy nhiên, quan trọng là phân biết chữ bằng cách hiểu được tổng thể chữ Hán đó. Không cần thiết phải quá chú ý tới điểm chi tiết.

とめ

文字を書くときに、線を書く勢いや力を止めること

Stopping the momentum and strength used to draw a line when writing a kanji.

Khi viết chữ thì dừng nét đang viết lại.

はらい　文字を書くときに、線を書く最後で、流れるように力を抜き、放つこと

Letting your strength fade away in a flowing manner when finishing a line while writing a kanji.

Khi viết chữ, thả lỏng nét và phẩy ở cuối nét .

はね　文字を書くときに、線を書く最後で、上にはねること

Leaping up when finishing a line while writing a kanji.

Hất lên trên ở cuối nét.

2 漢字の読み方のパターン Kanji Reading Patterns Các kiểu cách đọc chữ Hán

次に、漢字の読み方について、基本的なルールとパターンを知っておきましょう。

Next, let's learn basic rules and patterns for reading kanji.

Tiếp theo hãy nhớ quy tắc và các kiểu đọc cơ bản của chữ Hán.

❶ 日本語では、一つの漢字に対して、読み方は一つの場合もあれば、複数の場合もあります。２～３の読み方を持つものが多いですが、４つ以上のものもあります。

In Japanese, there are kanji that have just one reading as well as kanji with multiple readings. While it's common for kanji to have 2-3 readings, or just 1, there are some with 4 or more.

Trong tiếng Nhật, có chữ Hán có một cách đọc và có chữ lại có nhiều cách độc. Thường một chữ sẽ có 1 hoặc 2 ~ 4 cách đọc, có chữ có trên 4 cách đọc.

❷ 音読みと訓読みがあります。音読みは中国から漢字が伝わってきたときの発音をまねたもので、訓読みはもともと日本にあったことばに漢字を当てたものです。

Kanji readings are classified as on-yomi and kun-yomi. On-yomi imitate the pronunciations of the characters when kanji were brought to Japan from China, while kun-yomi correspond to words that originally existed in Japan that were given to kanji.

Về cách đọc có âm Onyomi và Kunyomi. Âm Onyomi là phát âm phỏng theo âm Hán gốc, còn âm Kunyomi là âm theo từ vốn có trong tiếng Nhật dùng cho chữ Hán đó.

▶ 漢字が二字の熟語の場合、音読みが多く、漢字が一字のことばの場合、訓読みが多いです。

In the case of two-character kanji compounds, on-yomi is often used. For words consisting of one kanji, kun-yomi is often used.

Một từ vựng có 2 chữ Hán thì thường được đọc theo âm Onyomi, nếu có 1 chữ Hán thì thường đọc theo âm Kunyomi

❸ 前のことばの音の影響を受けて、読み方が変化することがあります。

When combining kanji and hiragana to make one word, be careful to note where the hiragana starts.

Khi từ vựng phối hợp giữa chữ Hán và chữ Hiragana thì hãy chú ý chữ Hiragana bắt đầu từ đâu.

例 Example Ví dụ：百 **h**yaku (hundred) → 三百 san**b**yaku (three hundred)

PART 2
N5 漢字（かんじ）を おぼえよう

Let's remember kanji ／Hãy ghi nhớ chữ Hán

UNIT 1 はじめに おぼえよう

Starting Kanji

Ghi nhớ ban đầu

1 １しゅうかん One Week／1 tuần

2 すうじ① Numbers ①／Con số ①

3 すうじ② Numbers ②／Con số ②

4 ひと People／Con người

1しゅうかん

One Week／1 tuần

マリオ：はじめまして。マリオです。
3日(か)　まえに　にほんに　きました。
どうぞ　よろしく　おねがいします。
せんせい：こちらこそ　どうぞ　よろしく。
マリオ：じゅぎょうは　あしたからですね。
せんせい：ええ。月(げつ)よう日(び)から　金(きん)よう日(び)まで　まい日(にち)　ありますよ。
マリオ：はい。がんばります。

Mario: Hello. I'm Mario.
I came to Japan three days ago.
It's nice to meet you.
Teacher: It's nice to meet you too.
Mario: Classes start tomorrow, correct?
Teacher: Yes. There are classes every day from Monday to Friday.
Mario: Okay. I will do my best.

Mario: Xin chào, em là Mario.
Em đến Nhật 3 ngày trước.
Rất mong được thầy giúp đỡ.
Thầy giáo: Rất vui được gặp em.
Mario: Giờ học bắt đầu từ ngày mai phải không ạ?
Thầy giáo: Đúng thế. Từ thứ 2 đến thứ 6, ngày nào cũng có giờ học.
Mario: Vâng, em sẽ cố gắng

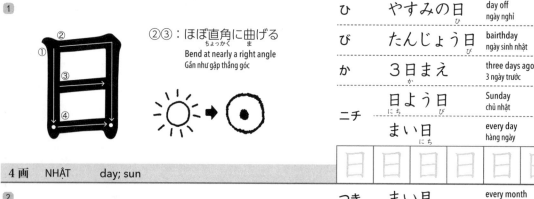

1

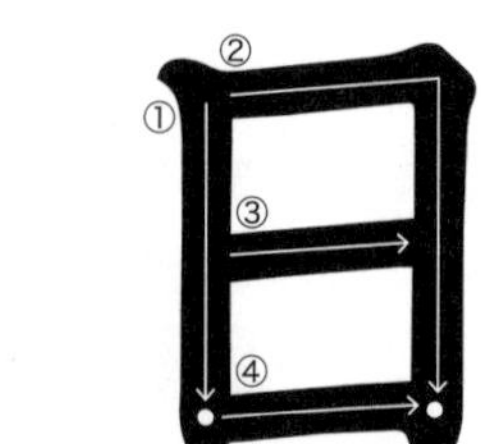

②③：ほぼ直角(ちょっかく)に曲(ま)げる
Bend at nearly a right angle
Gần như gập thẳng góc

4画　NHẬT　day; sun

ひ	やすみの日(ひ)	day off ngày nghỉ
び	たんじょう日(び)	bairthday ngày sinh nhật
か	3日(か)まえ	three days ago 3 ngày trước
ニチ	日(にち)よう日(び)	Sunday chủ nhật
	まい日(にち)	every day hàng ngày

日　日　日　日　日　日

2

①：わずかなカーブ
A slight curve
Nét cong nhẹ

はらう　はねる

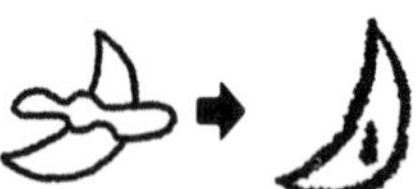

4画　NGUYỆT　moon

つき	まい月(つき)	every month hàng tháng
ゲツ	月(げつ)よう日(び)	Monday thứ 2
	こん月(げつ)	this month tháng này
	らい月(げつ)	next month tháng sau
ガツ	4月(がつ)	April tháng 4
	しょう月(がつ)	New Year Tết

月　月　月　月　月　月

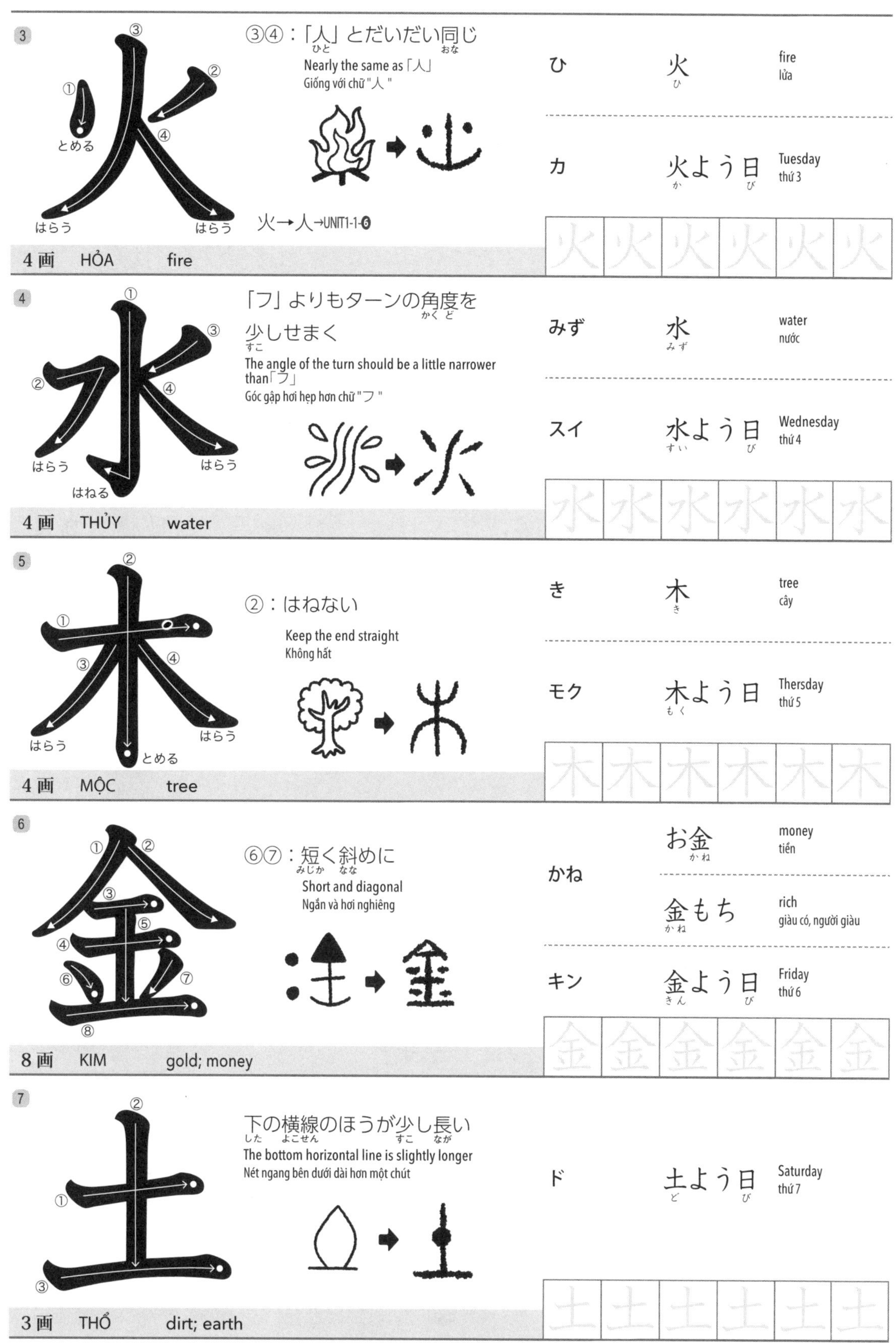

3

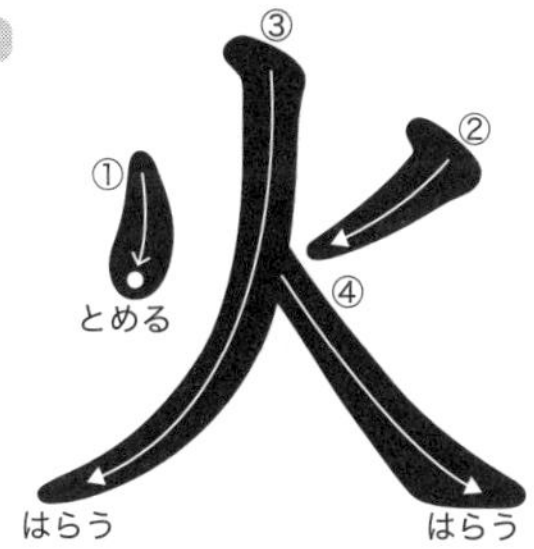
③
②
①
とめる
④
はらう
はらう

③④：「人(ひと)」とだいだい同(おな)じ

Nearly the same as「人」

Giống với chữ "人"

火→人→UNIT1-1-❻

4 画　HỎA　fire

ひ	火(ひ)	fire lửa
カ	火(か)よう日(び)	Tuesday thứ 3

4

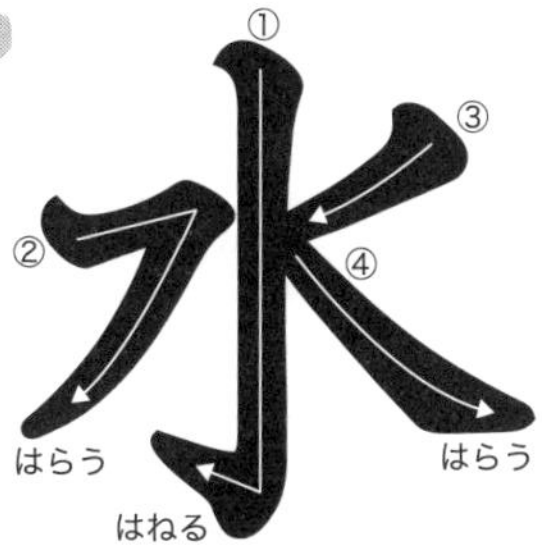
①
③
②
④
はらう
はらう
はねる

「フ」よりもターンの角度(かくど)を少(すこ)しせまく

The angle of the turn should be a little narrower than「フ」

Góc gập hơi hẹp hơn chữ "フ"

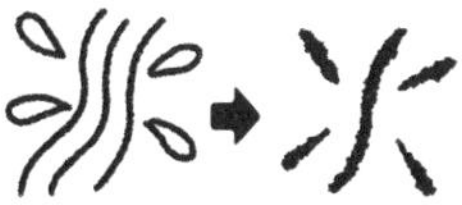

4 画　THỦY　water

みず	水(みず)	water nước
スイ	水(すい)よう日(び)	Wednesday thứ 4

5

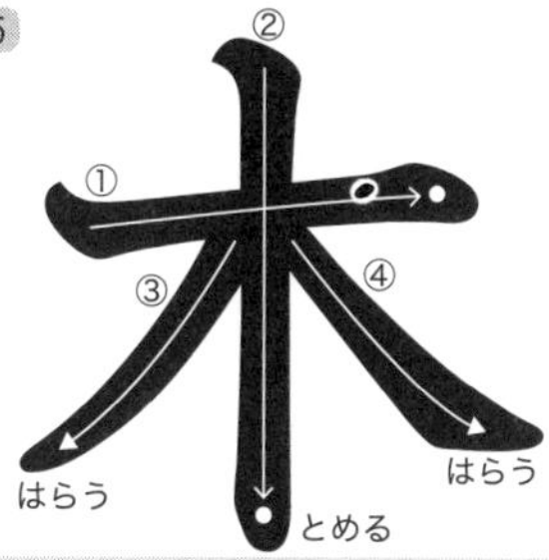
②
①
③
④
はらう
はらう
とめる

②：はねない

Keep the end straight

Không hất

4 画　MỘC　tree

き	木(き)	tree cây
モク	木(もく)よう日	Thersday thứ 5

6

①
②
③
④
⑤
⑥
⑦
⑧

⑥⑦：短(みじか)く斜(なな)めに

Short and diagonal

Ngắn và hơi nghiêng

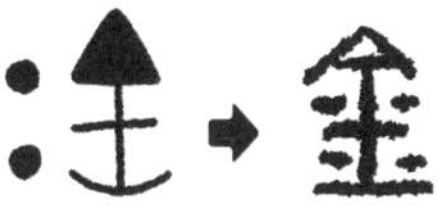

8 画　KIM　gold; money

かね	お金(かね)	money tiền
	金(かね)もち	rich giàu có, người giàu
キン	金(きん)よう日(び)	Friday thứ 6

7

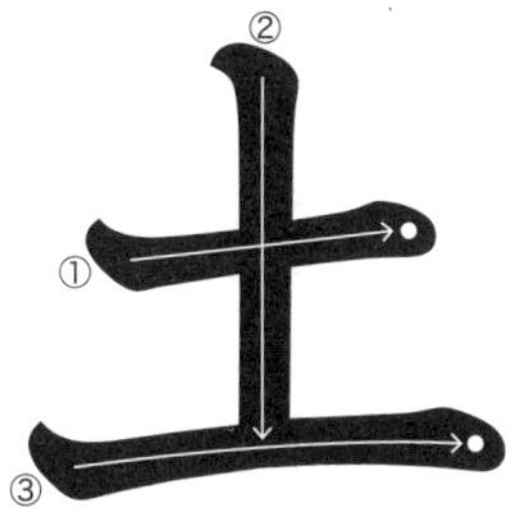
②
①
③

下(した)の横線(よこせん)のほうが少(すこ)し長(なが)い

The bottom horizontal line is slightly longer

Nét ngang bên dưới dài hơn một chút

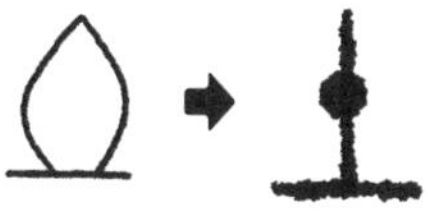

3 画　THỔ　dirt; earth

ド	土(ど)よう日(び)	Saturday thứ 7

ドリル A ＿＿の ことばは ひらがなで どう かきますか。ただしい よみを えらんで ください。

1点×5

❶ きょねんの　8月は　とても　あつかったです。　a. げつ　b. がつ
❷ きょうは　わたしの　たんじょう日です。　a. び　b. ひ
❸ しゃちょうは　お金もちです。　a. きん　b. かね
❹ ここで　火を　つかわないで　ください。　a. か　b. ひ
❺ きょうは　いい　日でした。　a. ひ　b. に

ドリル B ＿＿の ことばは どう かきますか。えらんで ください。

1点×5

❶ ＿＿（きん）ようびは　はやく　しごとが　おわります。　a. 金　b. 木
❷ ＿＿（げつ）ようびに　もってきて　ください。　a. 日　b. 月
❸ 4がつ3＿＿（か）の　メールを　みて　ください。　a. 火　b. 日
❹ らいしゅうの＿＿（ど）ようびに　テニスを　しませんか。　a. 土　b. 王
❺ こうえんに　おおきい　さくらの　＿＿（き）が　あります。　a. ホ　b. 木

ドリル C いいほうを えらんで、ぜんぶ ひらがなで ＿＿に かいて ください。

1点×10

れい　きょうは（ⓐ15日　b.15月）です。　じゅうごにち

❶ つめたい（a. 水　b. 火）を　のみました。　＿＿＿＿
❷（a. なん日　b. まい日）　いそがしいです。　＿＿＿＿
❸ たくさん　かいものを　しましたから
（a. お金　b. お水）が　ありません。　＿＿＿＿
❹ あの　（a. 土　b. 木）の　したで　やすみませんか。　＿＿＿＿
❺ きょうは　（a. 火よう日　b. らい月）です。　＿＿＿＿

UNIT 1
2

すうじ①

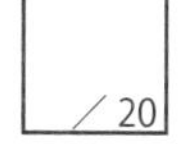

Numbers ①／Con số ①

マリオ：すみません。ケーキを　ください。
てんいん：どれですか。
マリオ：この　チョコケーキを　一（ひと）つ、この　チーズケーキを　二（ふた）つ、おねがいします。
てんいん：はい。ぜんぶで　三（みっ）つですね。

Mario: Excuse me. I'd like to buy cake, please.
Employee: Which one?
Mario: One of these chocolate cakes and two of these cheesecakes, please.
Employee: Okay. That's three in total.

Mario: Xin lỗi, cho tôi mua bánh.
Nhân viên: Chiếc nào ạ?
Mario: Cho tôi 1 chiếc bánh sô cô la này, 2 chiếc bánh phô mai này.
Nhân viên: Vâng. Tổng cộng là 3 cái ạ.

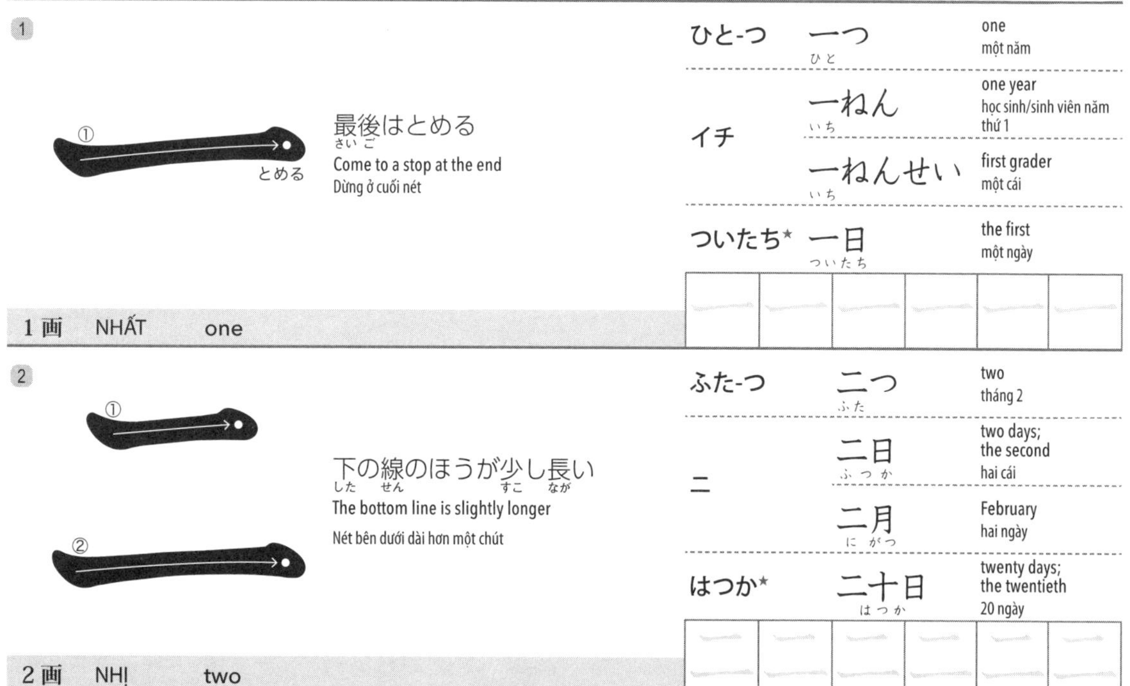

1

① とめる

最後（さいご）はとめる
Come to a stop at the end
Dừng ở cuối nét

1画　NHẤT　one

ひと-つ	一（ひと）つ	one một năm
イチ	一（いち）ねん	one year học sinh/sinh viên năm thứ 1
	一（いち）ねんせい	first grader một cái
ついたち*	一日（ついたち）	the first một ngày

2

①
②

下（した）の線（せん）のほうが少（すこ）し長（なが）い
The bottom line is slightly longer
Nét bên dưới dài hơn một chút

2画　NHỊ　two

ふた-つ	二（ふた）つ	two tháng 2
ニ	二日（ふつか）	two days; the second hai cái
	二月（にがつ）	February hai ngày
はつか*	二十日（はつか）	twenty days; the twentieth 20 ngày

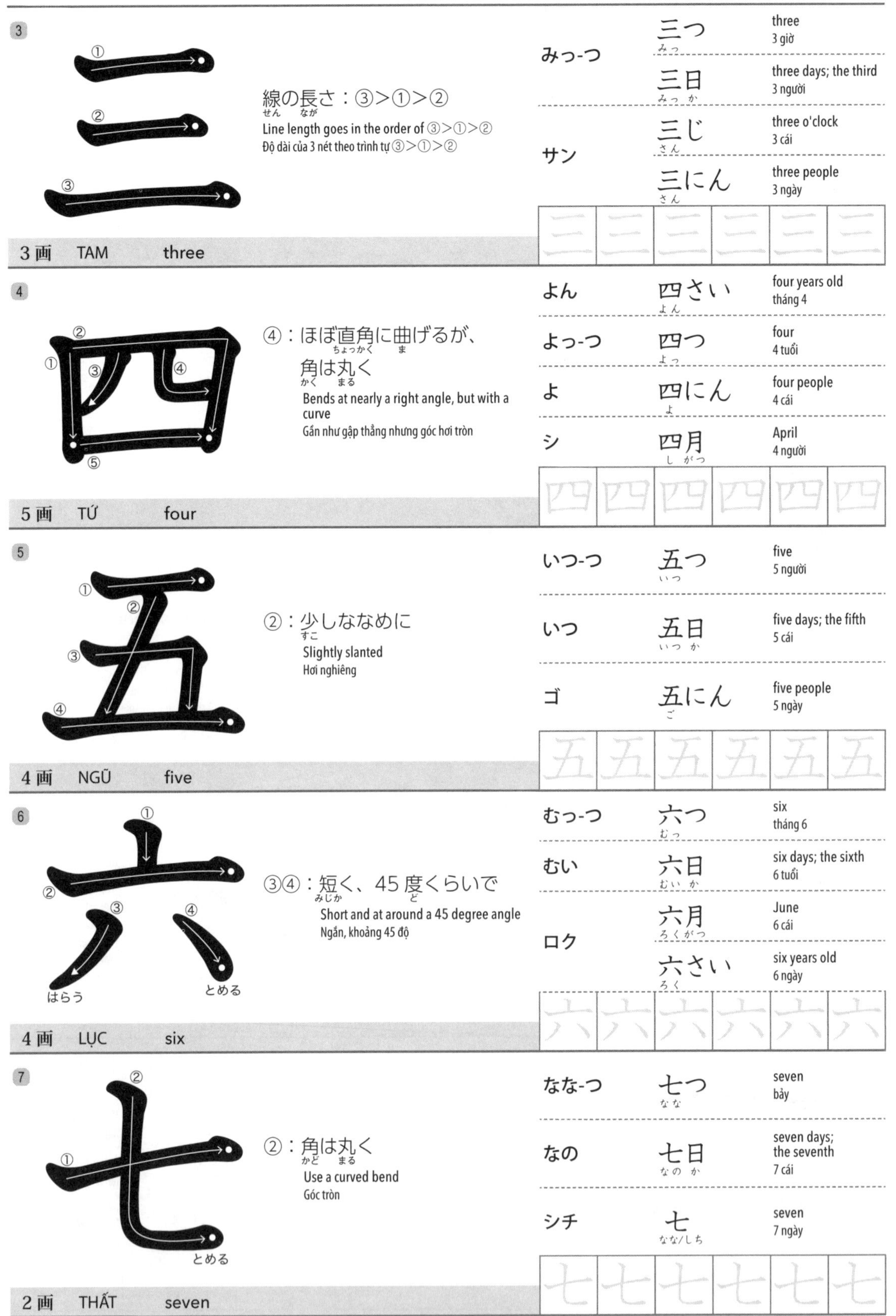
3
三
線の長さ：③>①>②
Line length goes in the order of ③>①>②
Độ dài của 3 nét theo trình tự ③>①>②
みっ-つ 三つ three / 3 giờ
三日 three days; the third / 3 người
サン 三じ three o'clock / 3 cái
三にん three people / 3 ngày
3 画 TAM three
4
四
④：ほぼ直角に曲げるが、角は丸く
Bends at nearly a right angle, but with a curve
Gần như gập thẳng nhưng góc hơi tròn
よん 四さい four years old / tháng 4
よっ-つ 四つ four / 4 tuổi
よ 四にん four people / 4 cái
シ 四月 April / 4 người
5 画 TỨ four
5
五
②：少しななめに
Slightly slanted
Hơi nghiêng
いつ-つ 五つ five / 5 người
いつ 五日 five days; the fifth / 5 cái
ゴ 五にん five people / 5 ngày
4 画 NGŨ five
6
六
③④：短く、45 度くらいで
Short and at around a 45 degree angle
Ngắn, khoảng 45 độ
はらう
とめる
むっ-つ 六つ six / tháng 6
むい 六日 six days; the sixth / 6 tuổi
ロク 六月 June / 6 cái
六さい six years old / 6 ngày
4 画 LỤC six
7
七
②：角は丸く
Use a curved bend
Góc tròn
とめる
なな-つ 七つ seven / bảy
なの 七日 seven days; the seventh / 7 cái
シチ 七 seven / 7 ngày
2 画 THẤT seven

ドリル A ＿＿の ことばは ひらがなで どう かきますか。ただしい よみを えらんで ください。

1点×5

❶ コーヒーを 二つ ください。 a. ひとつ b. ふたつ

❷ 七日は ちょっと いそがしいです。 a. ななか b. なのか

❸ 一つめの しんごうを みぎに まがって ください。 a. ひとつ b. いちつ

❹ かぞくは 四にんです。 a. よ b. よん

❺ 六さいの こどもが います。 a. ろっ b. ろく

ドリル B ＿＿の ことばは どう かきますか。えらんで ください。

1点×5

❶ ＿＿(いつつ)ずつ はこに いれて ください。 a. 五つつ b. 五つ

❷ まいにち ＿＿(しち)じに おきます。 a. 七 b. セ

❸ ＿＿(みっつ)で 1000 えんです。 a. 二つ b. 三つ

❹ ここから にほんまで ＿＿(ろく)じかん かかります。 a. ハ b. 六

❺ ＿＿(いち)ねん まえから にほんごを べんきょうして います。 a. 一 b. 日

ドリル C いいほうを えらんで、ぜんぶ ひらがなで ＿＿に かいて ください。

1点×10

(れい) きょうは（ⓐ15日 b.15月）です。 じゅうごにち

❶ あにが （a. 三にん b. 一ねんせい） います。 ＿＿＿＿＿＿

❷ いもうとは いま （a. 四月 b. 四さい） です。 ＿＿＿＿＿＿

❸ らい月の （a. 一日 b. 一つ） までに できますか。 ＿＿＿＿＿＿

❹ この くすりを （a. 三日まえ b. 五日かん）
のんで ください。 ＿＿＿＿＿＿

❺（a. 二月 b. 六つ）に ゆきが ふりました。 ＿＿＿＿＿＿

すうじ②

Numbers ②／Con số ②

〈日本(にほん)の 古(ふる)いもの〉

マリオ：これは　とても　ふるいですね。

せんせい：ええ、**百**(ひゃく)ねん　まえの　おかねです。
いまの　**一万円**(いちまんえん)ぐらいですよ。

(Old Japanese items)
Mario: This is very old, isn't it?
Teacher: Yes, this is money from a hundred years ago. It's about the same as 10,000 yen today.

(Đồ cổ của Nhật Bản)
Mario: Cái này rất cổ thầy nhỉ.
Thầy giáo: Đúng vậy, là đồng tiên 100 năm trước. Bằng khoảng 10.000 yên bây giờ.

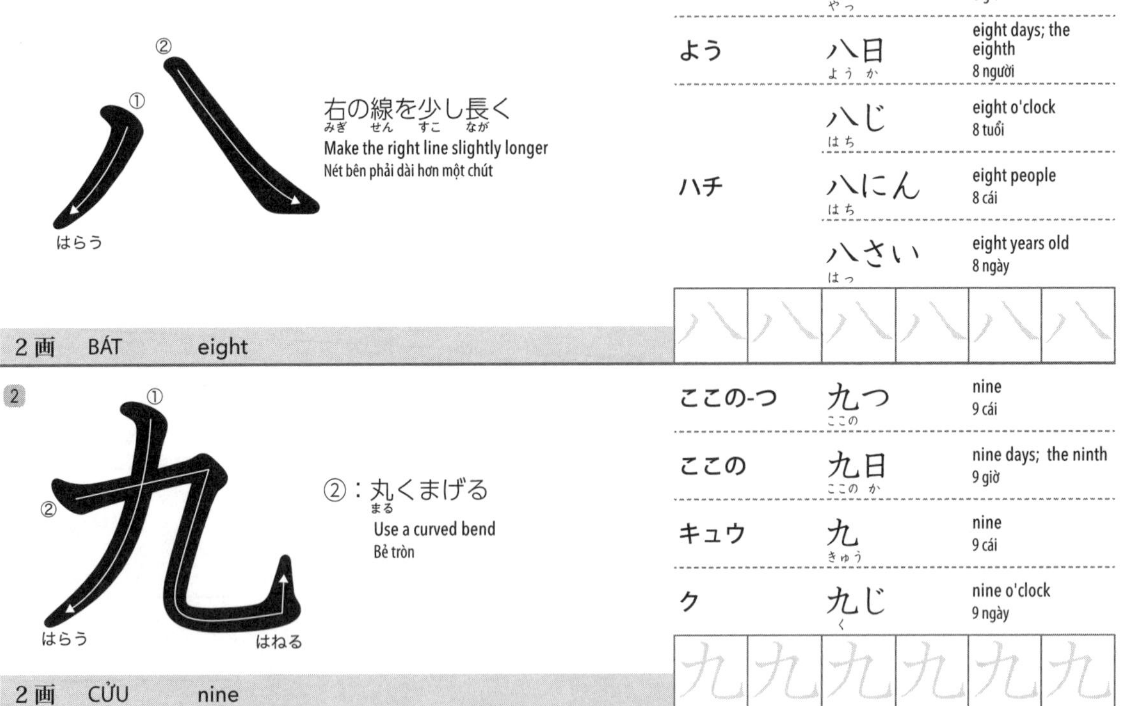

1

八

右(みぎ)の線(せん)を少(すこ)し長(なが)く
Make the right line slightly longer
Nét bên phải dài hơn một chút

はらう

やっ-つ	八つ (やっ)	eight 8 giờ
よう	八日 (よう か)	eight days; the eighth 8 người
ハチ	八じ (はち)	eight o'clock 8 tuổi
	八にん (はち)	eight people 8 cái
	八さい (はっ)	eight years old 8 ngày

2画　BÁT　eight

2

九

②：丸(まる)くまげる
Use a curved bend
Bẻ tròn

はらう　はねる

ここの-つ	九つ (ここの)	nine 9 cái
ここの	九日 (ここの か)	nine days; the ninth 9 giờ
キュウ	九 (きゅう)	nine 9 cái
ク	九じ (く)	nine o'clock 9 ngày

2画　CỬU　nine

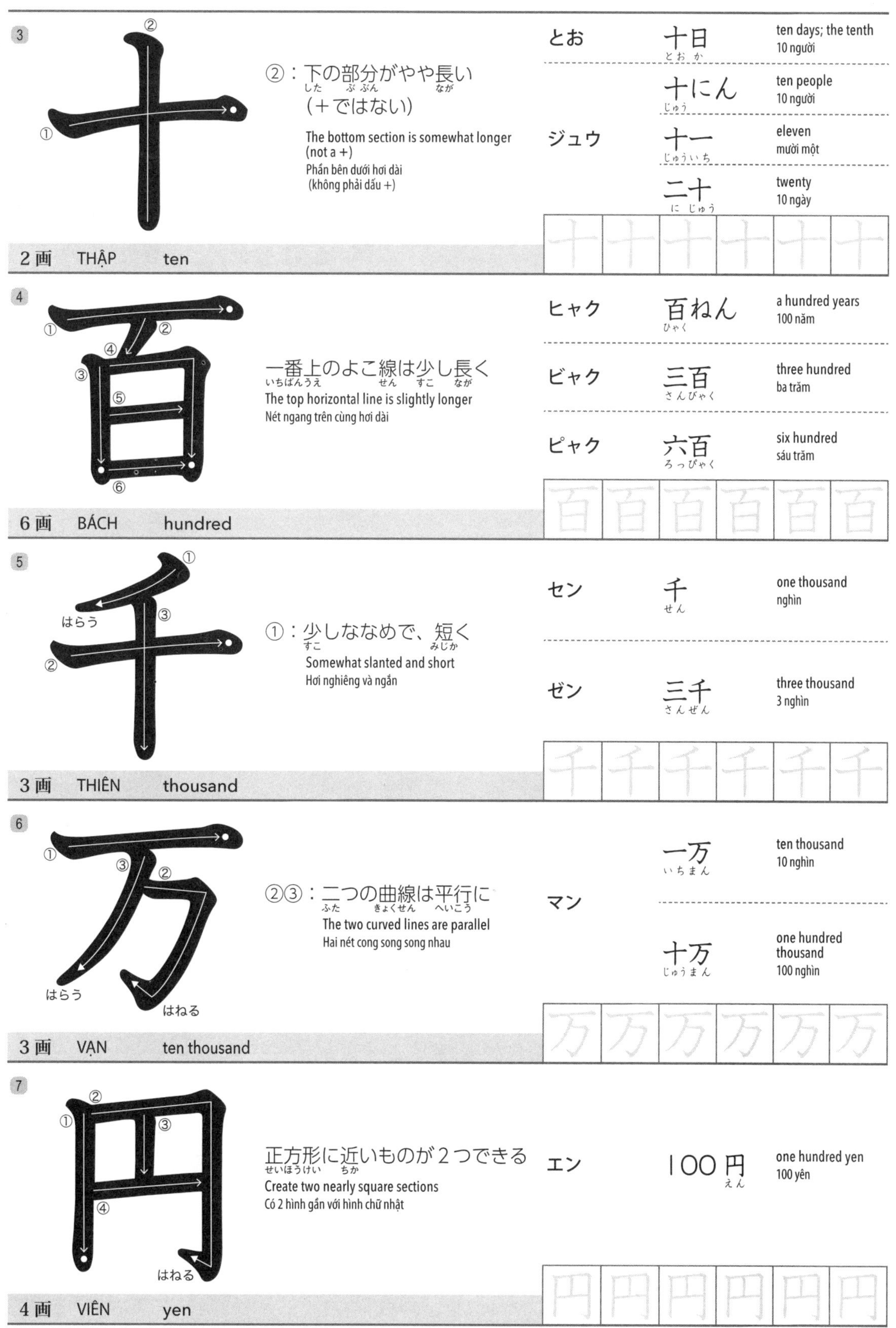

3 十

②：下の部分がやや長い（＋ではない）
（した　ぶぶん　なが）

The bottom section is somewhat longer (not a +)
Phần bên dưới hơi dài (không phải dấu +)

とお	十日（とおか）	ten days; the tenth / 10 người
ジュウ	十にん（じゅう）	ten people / 10 người
	十一（じゅういち）	eleven / mười một
	二十（にじゅう）	twenty / 10 ngày

2画　THẬP　ten

4 百

一番上のよこ線は少し長く
（いちばんうえ　せん　すこ　なが）

The top horizontal line is slightly longer
Nét ngang trên cùng hơi dài

ヒャク	百ねん（ひゃく）	a hundred years / 100 năm
ビャク	三百（さんびゃく）	three hundred / ba trăm
ピャク	六百（ろっぴゃく）	six hundred / sáu trăm

6画　BÁCH　hundred

5 千

①：少しななめで、短く
（すこ　みじか）

Somewhat slanted and short
Hơi nghiêng và ngắn

セン	千（せん）	one thousand / nghìn
ゼン	三千（さんぜん）	three thousand / 3 nghìn

3画　THIÊN　thousand

6 万

②③：二つの曲線は平行に
（ふた　きょくせん　へいこう）

The two curved lines are parallel
Hai nét cong song song nhau

マン	一万（いちまん）	ten thousand / 10 nghìn
	十万（じゅうまん）	one hundred thousand / 100 nghìn

3画　VẠN　ten thousand

7 円

正方形に近いものが２つできる
（せいほうけい　ちか）

Create two nearly square sections
Có 2 hình gần với hình chữ nhật

エン	100円（えん）	one hundred yen / 100 yên

4画　VIÊN　yen

ドリル A ＿のことばは ひらがなで どうかきますか。ただしい よみを えらんで ください。

1点×5

❶ アルバイトは 九じからです。 a. きゅう b. く

❷ ここに 三千にん すんで います。 a. さんぜん b. さんせん

❸ 二十ねん この まちに すんで いました。 a. じゅうに b. にじゅう

❹ 八日は 月よう日です。 a. はっか b. ようか

❺ おとなは ひとり 六百えんです。 a. ろっぴゃく b. ろくひゃく

ドリル B ＿の ことばは どう かきますか。えらんで ください。

1点×5

❶ まいにち ＿＿（はち）じかん はたらきます。 a. 八 b. 六

❷ これは 300＿＿（えん）です。 a. 円 b. 月

❸ ＿＿＿（せんえん）ありますか。 a. 十円 b. 千円

❹ この まつりは ＿＿＿（にひゃく）ねんまえに はじまりました。 a. 二百 b. 二日

❺ ＿＿（じゅう）にんの グループを つくって ください。 a. 土 b. 十

ドリル C いいほうを えらんで、ぜんぶ ひらがなで ＿に かいて ください。

1点×10

れい きょうは（ⓐ15日 b.15月）です。 じゅうごにち

❶ いくらですか。—（a.100日 b.100円）です。 ＿＿＿＿＿＿

❷（a.千日 b.九日）に テストが あります。 ＿＿＿＿＿＿

❸（a.十日 b.二十）かん やすみます。 ＿＿＿＿＿＿

❹ まつりに （a.十万 b.万十）にん きました。 ＿＿＿＿＿＿

❺ あしたは こどもの （a.八さい b.八日）の
たんじょう日です。 ＿＿＿＿＿＿

ひと

／20

People／Con người

（スマホの 写真（しゃしん）を 見（み）ながら）
友（とも）だち　：それは　かぞくの　しゃしんですか。
マリオ　：はい。これは　母（はは）です。
　　　　　これは　父（ちち）です。
友（とも）だち　：この　女の子（おんなのこ）は？
マリオ　：いもうとです。

(While looking at pictures on a smartphone)
Friend: Is that a picture of your family?
Mario: Yes. This is my mother. This is my father.
Friend: Who is this girl?
Mario: My little sister.

(Xem ảnh trên điện thoại)
Bạn: Đây là ảnh gia đình cậu phải không?
Mario: Đúng rồi. Đây là mẹ tớ. Đây là bố tớ.
Bạn: Người con gái này là ai?
Mario: Là em gái tớ.

1

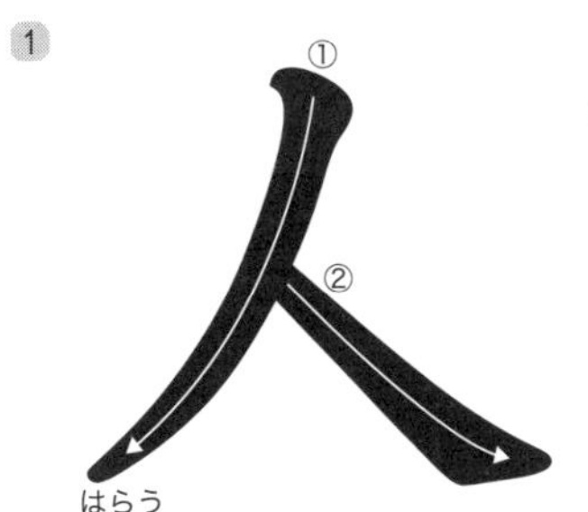

①：だいたい「ノ」と同（おな）じ
Essentially the same as a「ノ」
Gần giống chữ "ノ"

ひと

あの人（ひと）	that person người kia
おんなの人（ひと）	woman người con gái
たくさんの人（ひと）	many people nhiều người

2画　NHÂN　person

2

⑥：ななめに折（お）り返（かえ）すように まげる
Bends backwards diagonally
Nét cong nghiêng gập lại

おとこ

男（おとこ）の人（ひと）	man con trai

7画　NAM　man

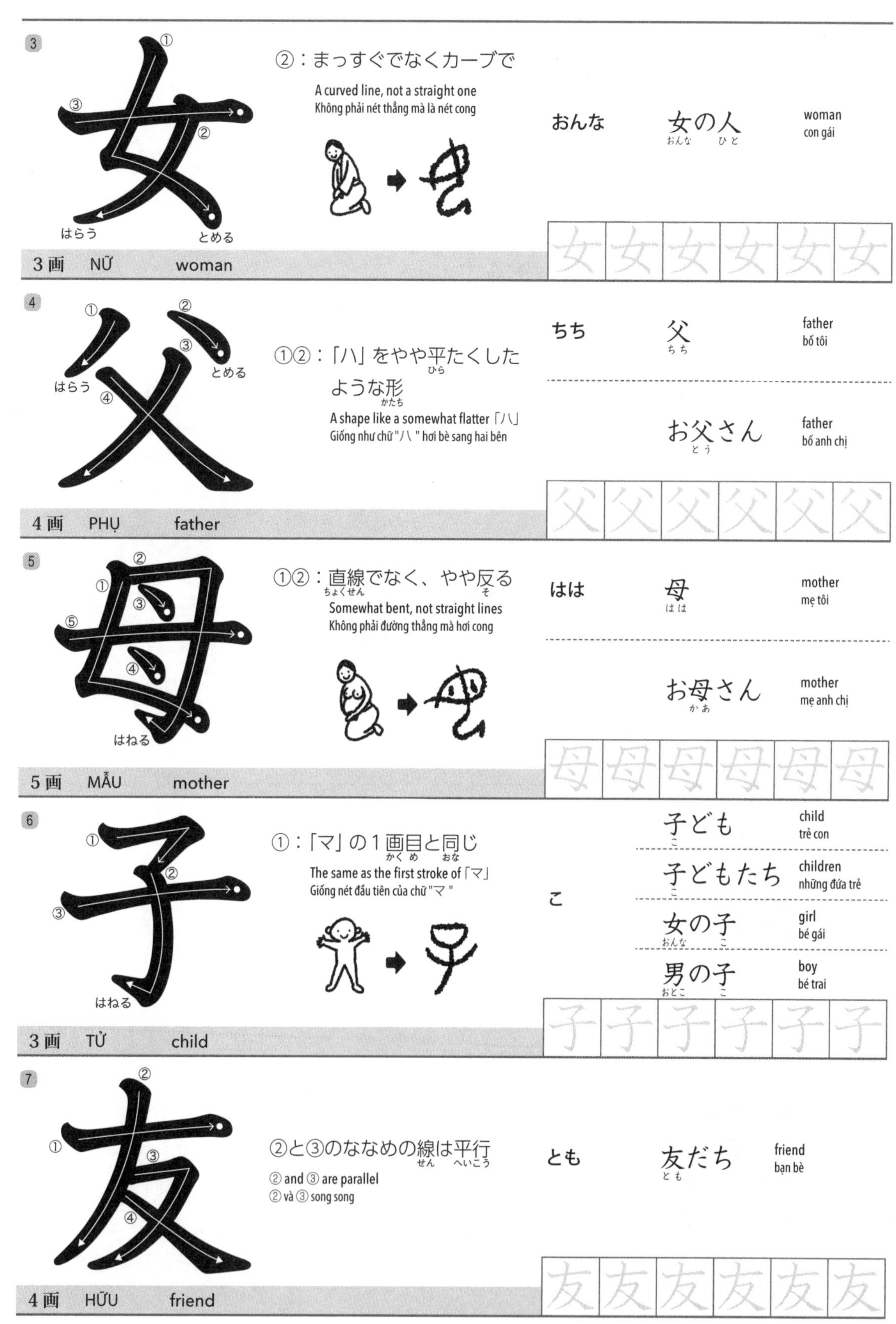
3
①
②
③
はらう
とめる
②：まっすぐでなくカーブで
A curved line, not a straight one
Không phải nét thẳng mà là nét cong
おんな
女の人
おんな ひと
woman
con gái
3画 NỮ woman
4
①
②
③
④
はらう
とめる
①②：「ハ」をやや平たくしたような形
ひら かたち
A shape like a somewhat flatter「ハ」
Giống như chữ "ハ" hơi bè sang hai bên
ちち
父
ちち
father
bố tôi
お父さん
とう
father
bố anh chị
4画 PHỤ father
5
①
②
③
④
⑤
はねる
①②：直線でなく、やや反る
ちょくせん そ
Somewhat bent, not straight lines
Không phải đường thẳng mà hơi cong
はは
母
はは
mother
mẹ tôi
お母さん
かあ
mother
mẹ anh chị
5画 MẪU mother
6
①
②
③
はねる
①：「マ」の1画目と同じ
かくめ おな
The same as the first stroke of「マ」
Giống nét đầu tiên của chữ "マ"
こ
子ども
こ
child
trẻ con
子どもたち
こ
children
những đứa trẻ
女の子
おんな こ
girl
bé gái
男の子
おとこ こ
boy
bé trai
3画 TỬ child
7
①
②
③
④
②と③のななめの線は平行
せん へいこう
② and ③ are parallel
② và ③ song song
とも
友だち
とも
friend
bạn bè
4画 HỮU friend

ドリル A ＿＿の ことばは ひらがなで どう かきますか。ただしい よみを えらんで ください。

1点×5

❶ お父さんの　しごとは　なんですか。　a. ちち　b. とう

❷ この　まちの人は　やさしいです。　a. ひと　b. びと

❸ 友だちと　しゃしんを　とりました。　a. とも　b. ども

❹ 母と　りょうりを　つくりました。　a. かあ　b. はは

❺ その　子の　くつは　ここに　ありますよ。　a. こ　b. ひと

ドリル B ＿＿の ことばは どう かきますか。えらんで ください。

1点×5

❶ あの　＿＿（おんな）の　ひとは　わたしの　せんせいです。　a. 女　b. 男

❷ たくさん　＿＿（ひと）が　います。　a. 人　b. 火

❸ お＿＿（かあ）さんは　どんな　人ですか。　a. 毎　b. 母

❹ ＿＿（とも）だちが　うちに　あそびに　きます。　a. 万　b. 友

❺ ＿＿（こ）どもの　とき、やさいが　きらいでした。　a. 了　b. 子

ドリル C いいほうを えらんで、ぜんぶ ひらがなで ＿＿に かいて ください。

1点×10

れい　きょうは（ⓐ15日　b.15月）です。　じゅうごにち

❶ わたしの　（a. 友だち　b. 男の人）は　とても
やさしい人です。　＿＿＿＿

❷ あの（a. お母さん　b. 女の子）は　シンさんの　こどもです。　＿＿＿＿

❸ あの（a. 友　b. 人）を　しって　いますか。　＿＿＿＿

❹ この　（a. 母　b. 男）の人は　おにいさんですか。　＿＿＿＿

❺（a. 父　b. 人）は　かいしゃいんです。　＿＿＿＿

UNIT 1

まとめもんだいA

もんだい1　＿＿＿の　ことばは　ひらがなで　どう　かきますか。ひとつ　えらんで　ください。（1点×10）

1　火よう日に　かいものに　いきました。
　1　げつようび　2　かようび　3　どようび　4　にちようび

2　きのう、父と　はなしました。
　1　ちち　2　はは　3　あね　4　あに

3　友だちが　たくさん　ほしいです。
　1　とだち　2　とんだち　3　ともだち　4　どもだち

4　二日かん　がっこうを　やすみました。
　1　にか　2　ににち　3　ふっか　4　ふつか

5　すみません、水を　ください。
　1　すい　2　みず　3　ひ　4　か

6　四月から　がっこうが　はじまります。
　1　しがつ　2　しげつ　3　よがつ　4　よんげつ

7　つぎの　テストは　なん日ですか。
　1　なんか　2　なんにち　3　なんび　4　なんひ

8　がくせいが　三百にん　います。
　1　みびゃく　2　さんひゃく　3　みひゃく　4　さんびゃく

9　あの　人を　しって　いますか。
　1　こ　2　ご　3　ひと　4　びと

10　らい月　かぞくが　にほんに　きます。
　1　らいがつ　2　らいげつ　3　らいつき　4　らいづき

もんだい２　＿＿＿の　ことばは　どう　かきますか。ひとつ　えらんで　ください。

（１点×10）

1 いちまんえんの　プレゼントを　かいました。

1　一方　　2　一万　　3　一友　　4　一左

2 まいしゅう　どようびは　やすみです。

1　土よう日　　2　五よう日　　3　王よう日　　4　上よう日

3 この　こは　しょうへいさんの　いもうとです。

1　了　　2　子　　3　人　　4　入

4 じゅうにじに　やすみましょう。

1　千二　　2　二千　　3　二十　　4　十二

5 ななつは　ちょっと　おおいです。

1　セつ　　2　ヤつ　　3　七つ　　4　八つ

6 やすみの　ひに　なにを　しますか。

1　目　　2　白　　3　日　　4　自

7 あの　おとこの　ひとに　ききましょう。

1　男　　2　男こ　　3　思　　4　思こ

8 むいかに　えいがを　みに　いきます。

1　三日　　2　六日　　3　八日　　4　穴日

9 すみません。おかねを　かして　ください。

1　お木　　2　お来　　3　お金　　4　お半

10 それは　100えんです。

1　同　　2　回　　3　月　　4　円

UNIT 1

まとめもんだいB

もんだい１（よみ） ＿＿＿の　ことばは　ひらがなで　どう　かきますか。

①火よう日に　アルバイトを　しました。みせに　たくさん　おきゃくさんが　きました。さいごに　②女の　③人が　④五万円の　コートを　かいました。⑤お金もちですね。

①	②	③
④	⑤	

もんだい２（かき） ＿＿＿の　ことばは　かんじで　どう　かきますか。えらんで　ください。

まいつき　①ついたちに　かぞくに　でんわを　します。②ははと　たくさん　はなします。　わたしは　いもうとが　③ふたり　います。④ろくさいと　⑤はっさいです。とても　かわいいです。

a. 一月　b. 一日　c. 一人　d. 二人　e. 二日
f. 六　g. 七　h. 八　i. 父　j. 母　k. 毎

①	②	③	④	⑤

PART 2
N5 漢字(かんじ)を おぼえよう

UNIT 2

時間(じかん)と ばしょ

Time and Places

Thời gian và địa điểm

1 時間(じかん) ① Time ① ／ Thời gian ①

2 時間(じかん) ② Time ② ／ Thời gian ②

3 ばしょ ① Places ① ／ Địa điểm ①

4 ばしょ ② Places ② ／ Địa điểm ②

時間(じかん) ①

Time ①／Thời gian ①

マリオ：すみません。じゅぎょうはなん時(じ)からですか。
リサ：午後(ごご)1時半(じはん)からですよ。
マリオ：あのー、がくせいですか。
リサ：はい。はじめまして。リサです。
マリオ：はじめまして。マリオです。

Mario: Excuse me. What time does the class start?
Lisa: It starts at 1:30 PM.
Mario: Um, are you a student?
Lisa: Yes. Nice to meet you. I'm Lisa.
Mario: Nice to meet you. I'm Mario.

Mario: Xin lỗi. giờ học từ mấy giờ thế ạ?
Lisa: Từ 1 giờ rưỡi chiều.
Mario: Ừm... Bạn là học sinh à?
Lisa: Vâng, chào bạn. Tôi là Lisa.
Mario: Xin chào. Tôi là Mario.

1

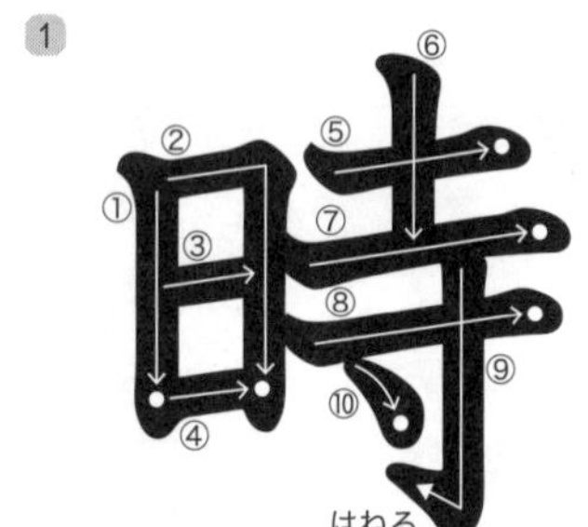

左(ひだり)の部分(ぶぶん)は「日(ひ)」の少(すこ)し細(ほそ)い形(かたち)
The left part's shape is a slightly thinner「日」
Phần bên trái là chữ "日" nhỏ

ジ	1時(じ)	one o'clock 1 giờ
	なん時(じ)	what time mấy giờ

10画　THỜI　time; hour

時 時 時 時 時 時

2

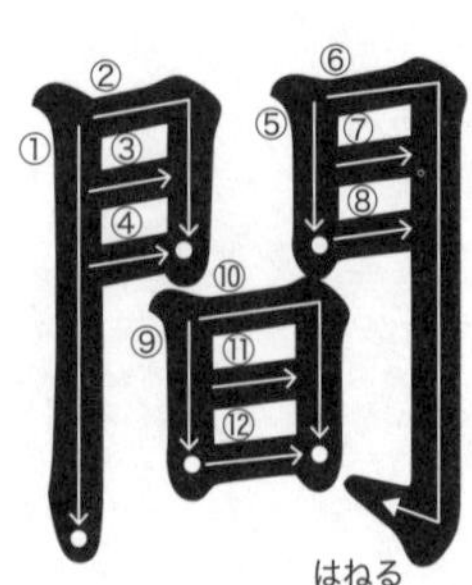

「門(もん)」(=gate)の中(なか)に「日(ひ)」
A「日」inside of a「門」(=gate)
Trong "門" (MÔN) có "日" (NHẬT)

あいだ	えきと がっこうの 間(あいだ)	between the station and school giữa ga và trường học
	ふゆの 間(あいだ)	during winter trong thời gian mùa đông
カン	時間(じかん)	time thời gian
	1時間(じかん)	one hour 1 giờ
	二日間(ふつかかん)	two days 2 ngày

12画　GIAN　space; between

間 間 間 間 間 間

3

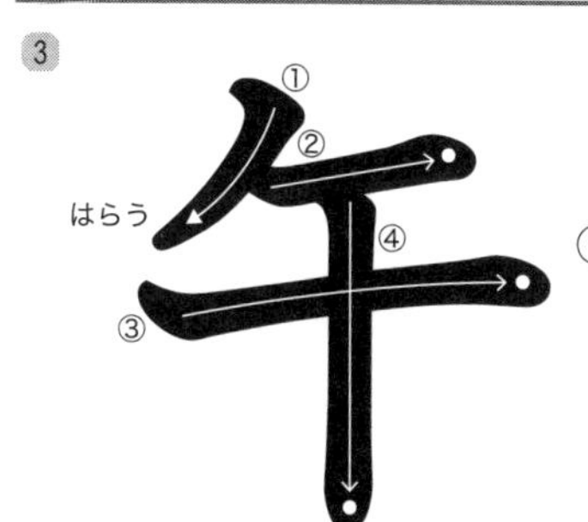

①：やや小(ちい)さい「ノ」
A somewhat smaller「ノ」
Là chữ "ノ" hơi nhỏ

ゴ	午前(ごぜん)	AM; the morning buổi sáng

4画　NGỌ　horse; noon

4

前

① ② ③ ④ ⑤ ⑥ ⑦ ⑧ ⑨ はねる はねる

④：上(うえ)から下(した)にまっすぐ
Straight from top to bottom
Thẳng từ trên xuống dưới

まえ	2時間前(じかんまえ)	two hours ago 2 tiếng trước
	ビルの前(まえ)	in front of the building trước tòa nhà
ゼン	午前(ごぜん)	AM; the morning buổi sáng

9画　TIỀN　before

5

後

① ② ③ ④ ⑤ ⑥ ⑦ ⑧ ⑨

②③：「イ」の少(すこ)し細(ほそ)い形(かたち)
Shaped like a slightly thinner「イ」
Là chữ "イ" hơi nhỏ

あと	後(あと)で	later để sau, sau
ゴ	午後(ごご)	PM; the afternoon buổi chiều
	1時間後(じかんご)	one hour later 1 giờ sau

9画　HẬU　after

6

半

① ② ③ ④ ⑤

③より④のほうが少(すこ)し長(なが)い
④ is a little longer than ③
④ hơi dài hơn ③

ハン	9時半(じはん)	nine-thirty 9 giờ rưỡi
	1時間半(じかんはん)	one and a half hours 1 tiếng rưỡi

5画　BÁN　half

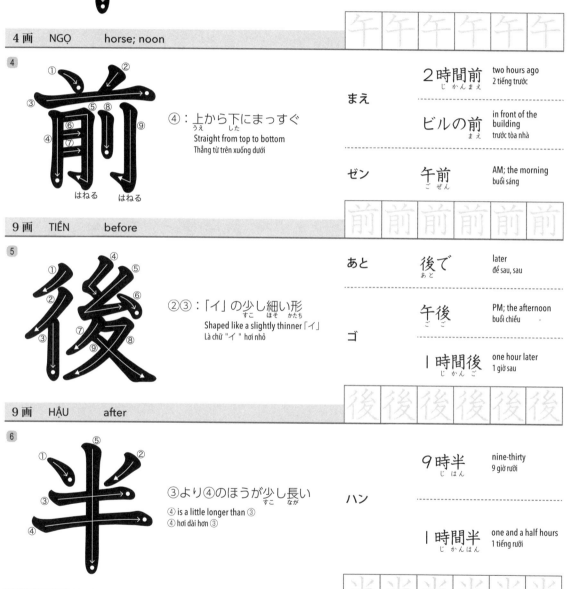

ドリル A ＿＿の ことばは ひらがなで どう かきますか。ただしい よみを えらんで ください。

1点× 5

❶ 30 ぷん 前に ここに つきました。 a. ぜん b. まえ

❷ 午後から あめが ふりました。 a. あさ b. ごご

❸ パーティーの 時間を おしえて ください。 a. じかん b. じけん

❹ ともだちに 半ぶん あげます。 a. はん b. ぱん

❺ テストは 11 時に はじまります。 a. じ b. にち

ドリル B ＿＿の ことばは どう かきますか。えらんで ください。

1点× 5

❶ また ＿＿（あと）で でんわします。 a. 後 b. 間

❷ あしたの 3＿＿（じ）は どうですか。 a. 時 b. 侍

❸ うちから かいしゃまで 1じかん＿＿（はん） かかります。 a. 千 b. 半

❹ リンさんと シンさんの ＿＿（あいだ）に すわって ください。 a. 間 b. 門

❺ あしたの ＿＿（ごぜん） 10じに きて ください。 a. 午後 b. 午前

ドリル C いいほうを えらんで、ぜんぶ ひらがなで ＿＿に かいて ください。

1点× 10

れい きょうは（ⓐ15日 b.15月）です。 じゅうごにち

❶ まい日（にち） （a. なん月 b. なん時）ごろ ねますか。 ＿＿＿＿＿＿

❷ えいがは （a. 二時半 b. 二時間）に はじまります。 ＿＿＿＿＿＿

❸ この プールは ふゆの（a. 間 b. 半） やすみです。 ＿＿＿＿＿＿

❹ 一（いっ）しゅうかん（a. 後に b. 前に） また きて ください。 ＿＿＿＿＿＿

❺ テストは なん時からですか。
——（a. 前後 b. 午前） 9時（じ）です。 ＿＿＿＿＿＿

時間(じかん)②

Time ②／Thời gian ②

／20

マリオ：今(いま)、何年(なんねん)せいですか。
リサ：一年(いちねん)せいです。
せん週(しゅう)、にほんに　きました。
マリオ：わたしも。よろしく　おねがいします。

Mario: What year are you now?
Lisa: I'm a first-year student. I came to Japan last week.
Mario: Me too. I hope we can get along.

Mario: Hiện giờ bạn là sinh viên năm mấy?
Lisa: Sinh viên năm thứ nhất. Mình đến Nhật tuần trước.
Mario: Mình cũng vậy. Mong được bạn giúp đỡ.

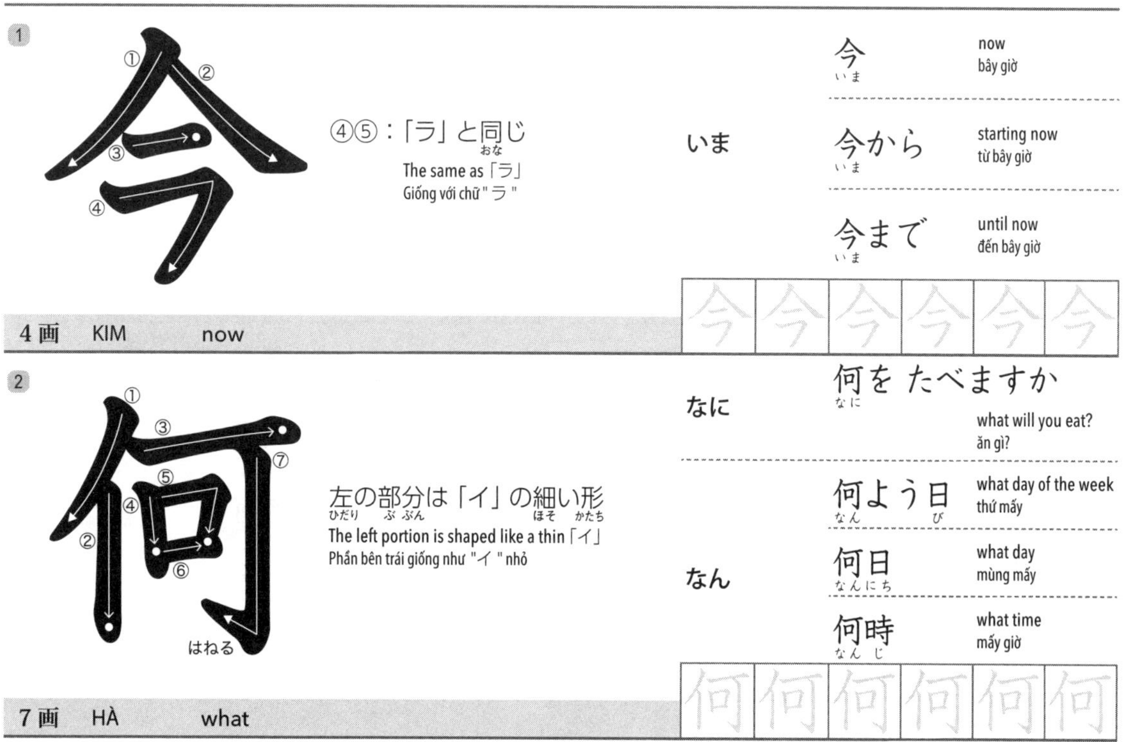

1

今

④⑤：「ラ」と同(おな)じ
The same as「ラ」
Giống với chữ "ラ"

4画　KIM　now

いま	今(いま)	now	bây giờ
	今(いま)から	starting now	từ bây giờ
	今(いま)まで	until now	đến bây giờ

2

何

左(ひだり)の部分(ぶぶん)は「イ」の細(ほそ)い形(かたち)
The left portion is shaped like a thin「イ」
Phần bên trái giống như "イ" nhỏ

はねる

7画　HÀ　what

なに	何(なに)を たべますか	what will you eat?	ăn gì?
なん	何(なん)よう日(び)	what day of the week	thứ mấy
	何日(なんにち)	what day	mùng mấy
	何時(なんじ)	what time	mấy giờ

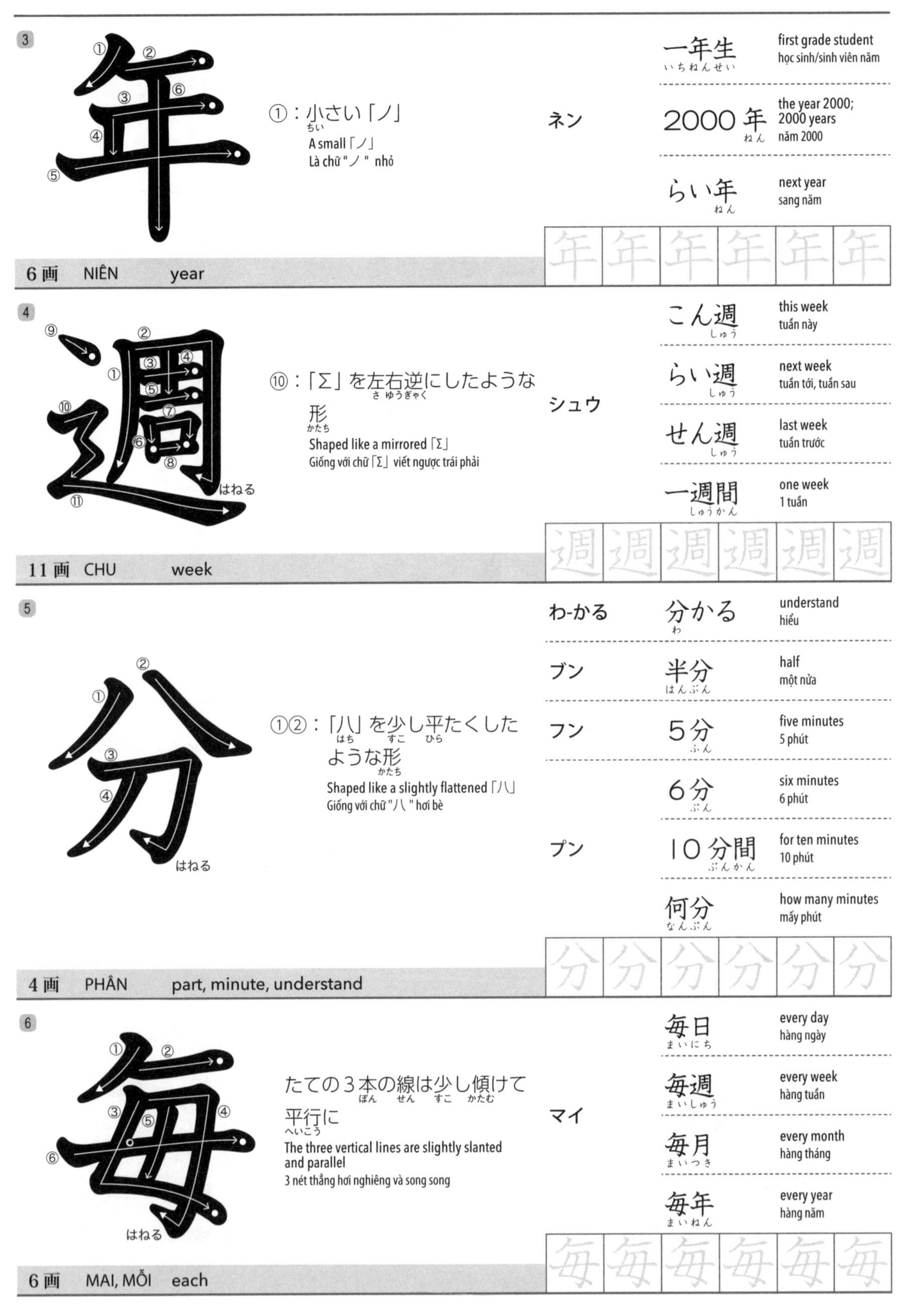

3

年

①：小(ち)さい「ノ」
A small「ノ」
Là chữ "ノ" nhỏ

6画　NIÊN　year

読み	言葉	意味
ネン	一年生（いちねんせい）	first grade student học sinh/sinh viên năm
	2000年（ねん）	the year 2000; 2000 years năm 2000
	らい年（ねん）	next year sang năm

4

週

⑩：「Σ」を左右逆(さゆうぎゃく)にしたような形(かたち)
Shaped like a mirrored「Σ」
Giống với chữ「Σ」viết ngược trái phải

はねる

11画　CHU　week

読み	言葉	意味
シュウ	こん週（しゅう）	this week tuần này
	らい週（しゅう）	next week tuần tới, tuần sau
	せん週（しゅう）	last week tuần trước
	一週間（しゅうかん）	one week 1 tuần

5

分

①②：「八(はち)」を少(すこ)し平(ひら)たくしたような形(かたち)
Shaped like a slightly flattened「八」
Giống với chữ "八" hơi bè

はねる

4画　PHÂN　part, minute, understand

読み	言葉	意味
わ-かる	分（わ）かる	understand hiểu
ブン	半分（はんぶん）	half một nửa
フン	5分（ふん）	five minutes 5 phút
	6分（ぷん）	six minutes 6 phút
プン	10分間（ぷんかん）	for ten minutes 10 phút
	何分（なんぷん）	how many minutes mấy phút

6

毎

たての3本(ぼん)の線(せん)は少(すこ)し傾(かたむ)けて平行(へいこう)に
The three vertical lines are slightly slanted and parallel
3 nét thẳng hơi nghiêng và song song

はねる

6画　MAI, MỖI　each

読み	言葉	意味
マイ	毎日（まいにち）	every day hàng ngày
	毎週（まいしゅう）	every week hàng tuần
	毎月（まいつき）	every month hàng tháng
	毎年（まいねん）	every year hàng năm

ドリル A ＿＿の ことばは ひらがなで どう かきますか。ただしい よみを えらんで ください。

1点×5

1. こん週は　いそがしいです。　a. しゅう　b. しゅ
2. 10年前(まえ)に　わたしたちは　はじめて　あいました。　a. ねん　b. ね
3. 5分後(ご)に　バスが　でますよ。　a. ぷん　b. ふん
4. まいしゅう　何よう日(び)に　れんしゅうを　して　いますか。　a. なに　b. なん
5. 今から　すぐに　行(い)きます。　a. これ　b. いま

ドリル B ＿＿の ことばは どう かきますか。えらんで ください。

1点×5

1. えきから　みせまで　8＿＿(ぷん)ぐらいです。　a. 今　b. 分
2. ＿＿(まい)日(にち)　かんじを　べんきょうします。　a. 毎　b. 母
3. せん＿＿(しゅう)　ぜんぜん　れんしゅうしませんでした。　a. 道　b. 週
4. おみせは　＿＿(なん)時(じ)までですか。　a. 何　b. 向
5. ＿＿＿＿(にねん)せいは　ここに　すわって　ください。　a. 二週　b. 二年

ドリル C いいほうを えらんで、ぜんぶ ひらがなで ＿＿に かいて ください。

1点×10

れい　きょうは（ⓐ15日　b.15月）です。　じゅうごにち

1. （a. 一年せい　b. 今まで）　べんきょうを　して　いました。　＿＿＿＿＿＿
2. （a. 何さい　b. 何か）　のみますか。　＿＿＿＿＿＿
3. たくさん　ですね。（a. 半分　b. 何分）たべて　ください。　＿＿＿＿＿＿
4. （a. きょ年　b. 二年）　この　ビルが　できました。　＿＿＿＿＿＿
5. （a. 毎週　b. 毎日）　水(すい)よう日(び)に　ここで　ひるごはんを　たべます。　＿＿＿＿＿＿

ばしょ①

Places ①／Địa điểm ①

マリオ：あれ？ペンが　ありません。
リサ　：つくえの　下(した)に　ありませんか。
マリオ：ありません。
　　　　あ！ かばんの　中(なか)に　ありました！

Mario: Hm? My pen is missing.
Lisa: Is it not under your desk?
Mario: It isn't. Oh! It was inside my bag.

Mario: Ủa? Không thấy bút đâu cả.
Lisa: Dưới bàn không có à?
Mario: Không có. A! ở trong cặp đây rồi.

1

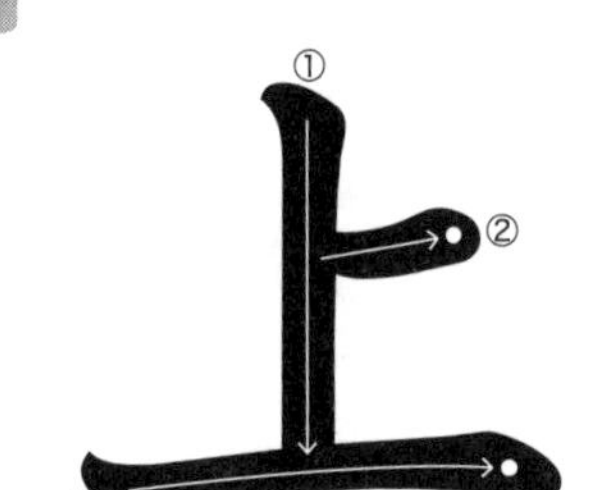

線(せん)が突(つ)き抜(ぬ)けないように
Make sure that the lines don't pass through one another
Không để nét thừa ra ngoài

うえ　　つくえの上(うえ)　on top of the desk / trên bàn

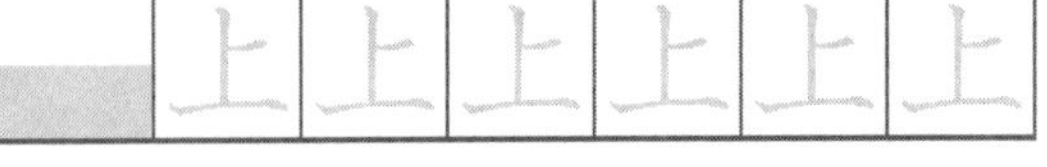

3画　THƯỢNG　up

2

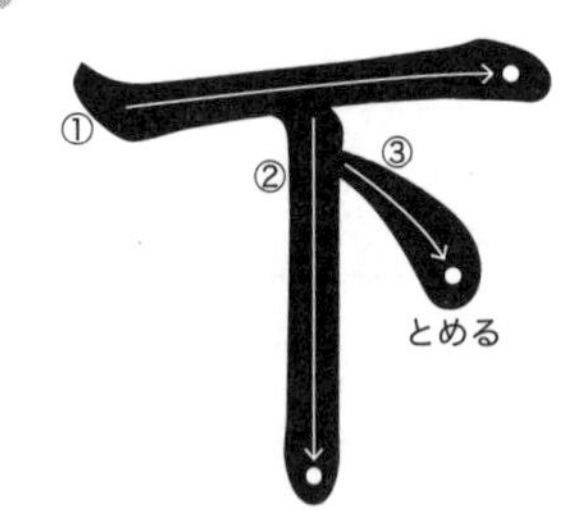

③：短(みじか)い線(せん)を斜(なな)めに下(お)ろす
A short diagonal line downward
Kéo nét ngắn nghiêng xuống dưới

した　　つくえの下(した)　below the desk / dưới bàn
　　　　下(した)にいく　go down / đi xuống dưới

3画　HẠ　down

3

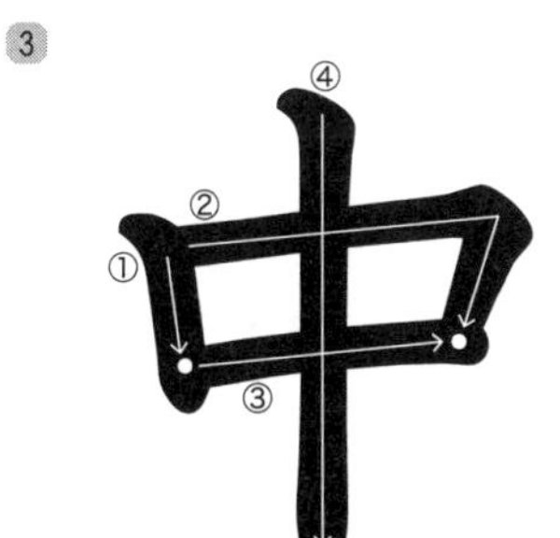

④：突き出ている部分は下のほうが少し長い
つ で ぶ ぶん / した すこ なが

The bottom part of the protruding line is slightly longer
Phần xuyên xuống dưới hơi dài hơn

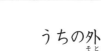

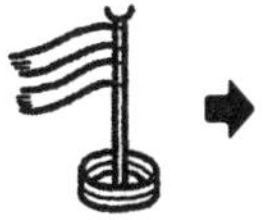

なか

かばんの中（なか） inside the bag / trong cặp sách

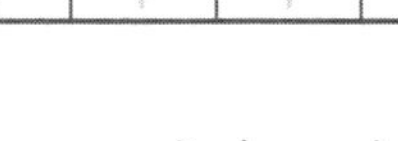

4画 TRUNG middle

4

左は「夕」、右は「ト」を少し細くした形
ひだり みぎ すこ ほそ かたち

The left is shaped like a slightly thinner「夕」, and the right a slightly thinner「ト」
Bên trái giống chữ "夕", bên phải giống chữ "ト"

そと

うちの外（そと） outside the home / bên ngoài nhà tôi

外（そと）にでる go outside / ra ngoài

5画 NGOẠI outside

5

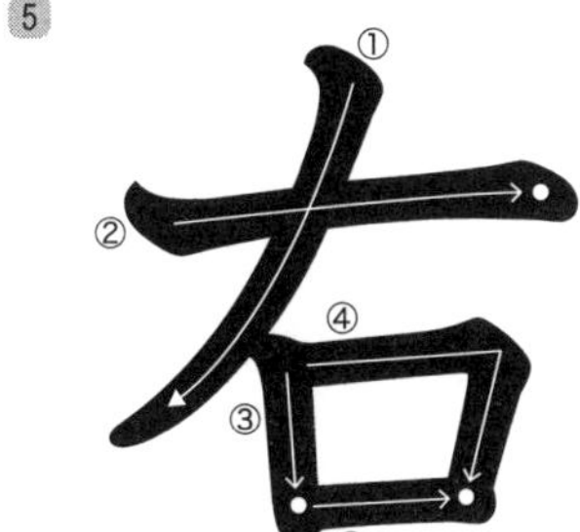

下の部分は「口」
した ぶ ぶん くち

The bottom part is a「口」
Phần bên dưới là chữ "口"

みぎ

右（みぎ）にまがる turn right / rẽ phải

右手（みぎて） right hand / tay phải

右（みぎ）にある on the right / ở bên phải

5画 HỮU right

6

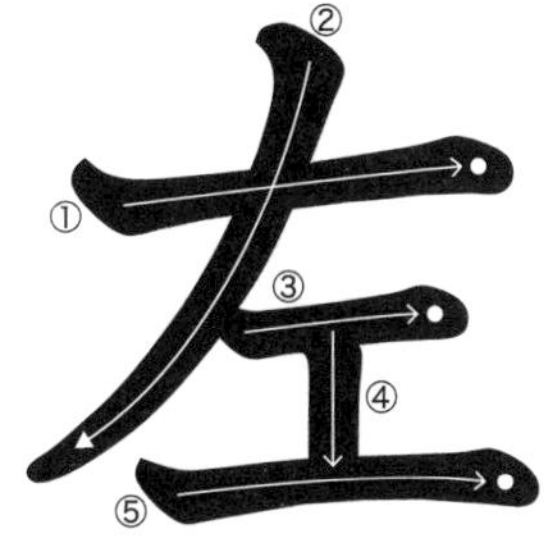

下の部分は「工」
した ぶ ぶん

The bottom part is a「工」
Phần bên dưới là chữ "工"

ひだり

左（ひだり）にまがる turn left / rẽ sang trái

左手（ひだりて） left hand / tay trái

左の人（ひだりのひと） the person on the left / người bên trái

5画 TẢ left

ドリル A ＿＿の ことばは ひらがなで どう かきますか。ただしい よみを えらんで ください。

1点×5

❶ ペンは　この　はこの　<u>中</u>に　あります。　a. うえ　b. なか

❷ テーブルの　<u>下</u>を　よく　みて　ください。　a. そと　b. した

❸ ごみばこは　ほんだなの　<u>右</u>に　ありますよ。　a. みぎ　b. となり

❹ みせの　<u>外</u>で　まって　いて　ください。　a. なか　b. そと

❺ ここで　<u>左</u>に　まがります。　a. ひだり　b. みぎ

ドリル B ＿＿の ことばは どう かきますか。えらんで ください。

1点×5

❶ テーブルの　＿＿（うえ）に　ほんが　あります。　a. 上　b. 下

❷ そこを　＿＿（みぎ）に　まがって　ください。　a. 石　b. 右

❸ ここから　＿＿（そと）に　でます。　a. 多　b. 外

❹ あの　木の　＿＿（した）で　やすみましょう。　a. 下　b. ト

❺ ＿＿（ひだり）から　くるまが　きます。　a. 左　b. 友

ドリル C いいほうを えらんで、ぜんぶ ひらがなで ＿＿に かいて ください。

1点×10

れい　きょうは（ⓐ15日　b.15月）です。　じゅうごにち

❶（a. 土　b. 上）に　レストランが　あります。　＿＿＿＿＿＿

❷（a. 右　b. 外）てが　いたいです。　＿＿＿＿＿＿

❸ やまださんの（a. 左　b. 中）の　人（ひと）は　だれですか。　＿＿＿＿＿＿

❹ あめです。うちの（a. 中　b. 半）で　やすみましょう。　＿＿＿＿＿＿

❺ わたしの　へやは　この（a. 月　b. 下）です。　＿＿＿＿＿＿

ばしょ②

／20

Places ②／Địa điểm ②

マリオ：リサさんと　同じ（おな）　クラスで、よかったです。

リサ：そうですね。クラスに　いろいろな　国（くに）の　人（ひと）が　いますね。

マリオ：ええ。南（みなみ）の　国（くに）の　人（ひと）、西（にし）の　国（くに）の　人（ひと）、いろいろですね。

Mario: I'm glad we're in the same class, Lisa-san.
Lisa: I agree. There are people from many countries in the class, aren't there?
Mario: Yes. There are many kinds of people, like people from countries in the south and countries in the west.

Mario: May quá cùng lớp với cậu Lisa.
Lisa: Ừ, lớp có nhiều bạn từ nhiều nước nhỉ.
Mario: Ừ. Người ở nước phía Nam, người ở nước phía Tây, đa dạng nhỉ.

1

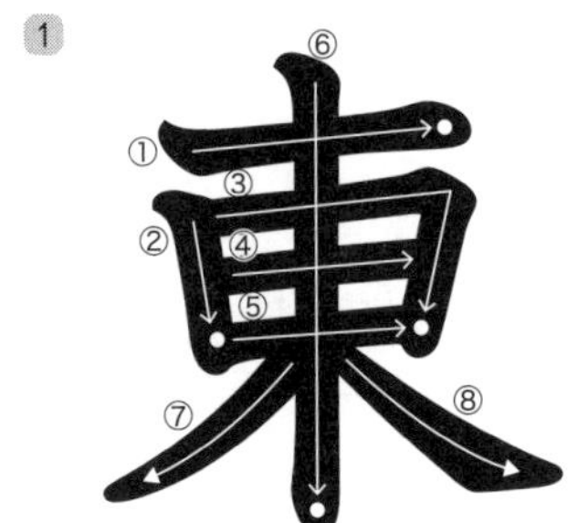

ほぼ左右対称（さゆうたいしょう）
Nearly vertically symmetrical
Trái phải đối xứng nhau

ひがし

東（ひがし）	east	phía đông
東（ひがし）ぐち	east exit	cửa phía đông

東 東 東 東 東 東

8画　ĐÔNG　east

2

③：丸（まる）くまげる
Roundly curved
Nét cong tròn

にし

西（にし）	west	phía tây
西（にし）ぐち	west exit	cửa phía tây

西 西 西 西 西 西

6画　TÂY　west

3

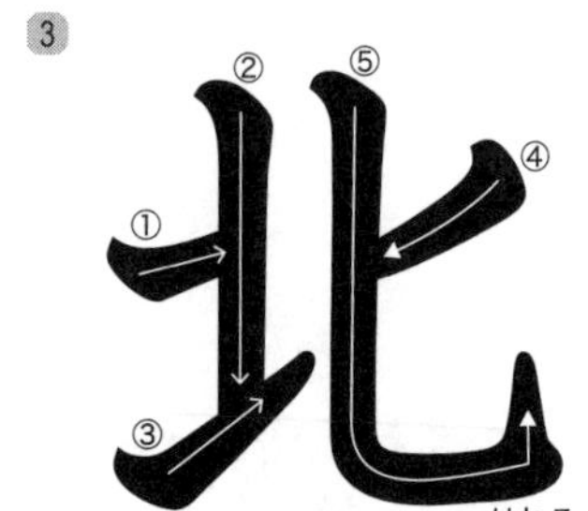

右(みぎ)：「ヒ」を細(ほそ)くしてはねる

The right is a thinner「ヒ」that springs up at the end

Bên phải: chữ "ヒ "viết nhỏ và hất lên

きた

北(きた)	north phía bắc
北(きた)ぐち	north exit của phía bắc

北 北 北 北 北 北

5画　BẮC　north

4

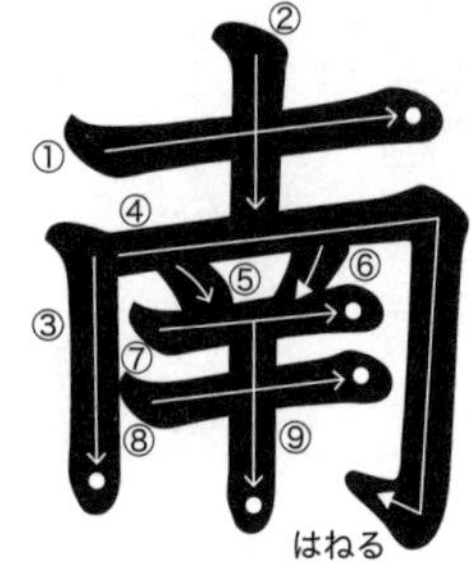

④：たての線(せん)はまっすぐ下(した)に

The vertical line goes straight down

Nét thẳng xuống dưới

みなみ

南(みなみ)	south phía nam
南(みなみ)ぐち	south exit cửa phía nam

南 南 南 南 南 南

9画　NAM　south

5

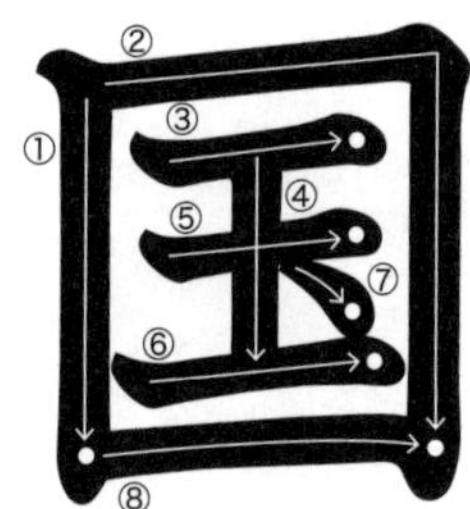

外(そと)の四角(しかく)はタテをやや長(なが)めに

The vertical lines of the outer box are somewhat longer

Nét sổ thẳng bên ngoài hình tứ giác hơi dài

くに

国(くに)にかえる	go back to one's country về nước

国 国  国  国 国  国

8画　QUỐC　country

6

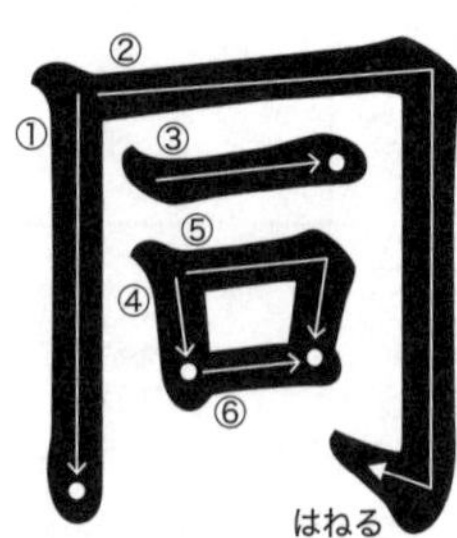

「一(いち)」と「口(くち)」のよこの長(なが)さはだいたい同(おな)じ

The length of the horizontal lines for「一」and「口」are nearly identical

"一 " và "口 " dài ngang bằng nhau

おな-じ

同(おな)じ	same giống

同 同 同 同 同 同

6画　ĐỒNG　same

ドリル A ＿＿の ことばは ひらがなで どう かきますか。ただしい よみを えらんで ください。

1点×5

❶ 東に　いって　ください。　a. えき　b. ひがし

❷ きのうと　同じ　みせに　いきませんか。　a. おな　b. お

❸ 西の　そらは　あかるいです。　a. にし　b. ちかく

❹ わたしの　まちは　南に　あります。　a. みなみ　b. なみ

❺ わたしの　国は　いつも　あついです。　a. まち　b. くに

ドリル B ＿＿の ことばは どう かきますか。えらんで ください。

1点×5

❶ わたしも　＿＿（おな）じ　シャツが　ほしいです。　a. 同　b. 円

❷ えきの　＿＿（きた）ぐちに　こうえんが　あります。　a. 比　b. 北

❸ 今　わたしは　＿＿（みなみ）ぐちに　います。　a. 半　b. 南

❹ えきの　＿＿（にし）ぐちから　バスが　でます。　a. 四　b. 西

❺ なつやすみに　＿＿（くに）へ　かえります。　a. 国　b. 回

ドリル C いいほうを えらんで、ぜんぶ ひらがなで ＿＿に かいて ください。

1点×10

れい　きょうは（ⓐ15日　b.15月）です。　じゅうごにち

❶（a. 東ぐち　b. 同じ）に　トイレが　ありますよ。　＿＿＿＿＿＿

❷ わたしの（a. 西ぐち　b. 国）に　きませんか。　＿＿＿＿＿＿

❸（a. 南　b. 間）の　ほうが　あたたかいです。　＿＿＿＿＿＿

❹ これと　それは（a. 東　b. 同じ）ですか。　＿＿＿＿＿＿

❺（a. 北　b. 国）と　南、どっちが　にぎやかですか。　＿＿＿＿＿＿

まとめもんだいA

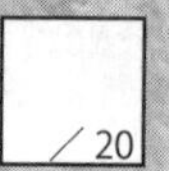

もんだい1 ＿＿＿の ことばは ひらがなで どう かきますか。ひとつ えらんで ください。
（1点× 10）

1 きのう 何を しましたか。

1 なん　2 なに　3 どれ　4 これ

2 後で じむしょに きて ください。

1 ごで　2 こで　3 あとで　4 あどで

3 10分間 やすんで ください。

1 ぷんかん　2 ふんかん　3 ぷんけん　4 ぶんけん

4 毎月 15日は やすいです。

1 まいとし　2 まいしゅう　3 まいつき　4 まいじ

5 みせの 外に ひとが たくさん います。

1 なか　2 そと　3 まえ　4 うしろ

6 へやの 南に まどが あります。

1 きた　2 ひがし　3 みなみ　4 にし

7 今まで としょかんに いました。

1 いままで　2 いつまで　3 いまで　4 いくまで

8 3時間半 じゅぎょうが ありました。

1 じはんかん　2 じかんはん　3 じけんはん　4 じはんけん

9 リンさんの 右に います。

1 となり　2 よこ　3 ひだり　4 みぎ

10 がっこうの 前で あいましょう。

1 せんで　2 ぜんで　3 まいで　4 まえで

もんだい２　＿＿＿の　ことばを　どう　かきますか。ひとつ　えらんで　ください。

（１点×10）

1 つぎの　バスは　なんぷんですか。

１　向分　　２　何分　　３　何今　　４　向今

2 つくえの　うえに　ほんを　おきました。

１　上　　２　土　　３　下　　４　干

3 えきの　ひがしぐちに　います。

１　中　　２　束　　３　車　　４　東

4 ごご２じに　きて　ください。

１　牛後　　２　後牛　　３　午後　　４　後午

5 わたしの　くにの　りょうりです。

１　回　　２　国　　３困　　４　口

6 これと　おなじ　ものを　２つ　ください。

１　円じ　　２　周じ　　３　半じ　　４　同じ

7 これは　50ねん　まえの　しゃしんです。

１　五　　２　午　　３　年　　４　玉

8 はんぶん　たべますか。

１　半分　　２　中分　　３　半口　　４　中日、

9 １じかん　うんどうしました。

１　時門　　２　寺間　　３　時間　　４　侍聞

10 にしゅうかん　やすみが　ありました。

１　二月　　２　二週　　３　二年　　４　二時

まとめもんだいB

もんだい1（よみ） ＿＿＿の　ことばは　ひらがなで　どう　かきますか。

　これは　わたしが　すきな　レストランです。①毎週　いきます。えきの　②北ぐちの　ちかくで、ぎんこうと　ゆうびんきょくの　③間に　あります。④午後　⑤五時半からです。きょうも　いきます。

①	②	③
④	⑤	

もんだい2（かき） ＿＿＿の　ことばは　かんじで　どう　かきますか。えらんで　ください。

　①いま、わたしは　だいがく　②いちねんせい　です。わたしの　へやの　③したに　④おなじ　だいがくの　ひとが　すんでいます。ときどき　へやの　⑤そとで　あって、はなします。

a. 一年　　b. 一月　　c. 今　　d. 会　　e. 中
f. 上　　g. 下　　h. 外　　i. 国　　j. 同　　k. 半

①	②	③	④	⑤

PART 2
N5 漢字(かんじ)を おぼえよう

UNIT 3 わたしたちが すむところ

Where We Live

Nơi sinh sống của chúng ta

山・川・空

やま かわ そら

Mountains, Rivers, Skies／Núi, sông, trời

リサ：いい天気(てんき)ですね。

マリオ：はい。雨(あめ)の　あとは、空(そら)が　きれいですね。

リサ：そうですね。それに　ここは　山(やま)も　川(かわ)も　きれいですね。

Lisa: The weather is nice, isn't it?
Mario: It is. The sky is pretty after it rains.
Lisa: Yes, it is. The mountains and rivers here are beautiful too.

Lisa: Thời tiết đẹp quá nhỉ.
Mario: Ừ. Sau cơn mưa bầu trời đẹp thật.
Lisa: Ừ. Đã thế, ở đây cả núi cả sông cũng đẹp.

1

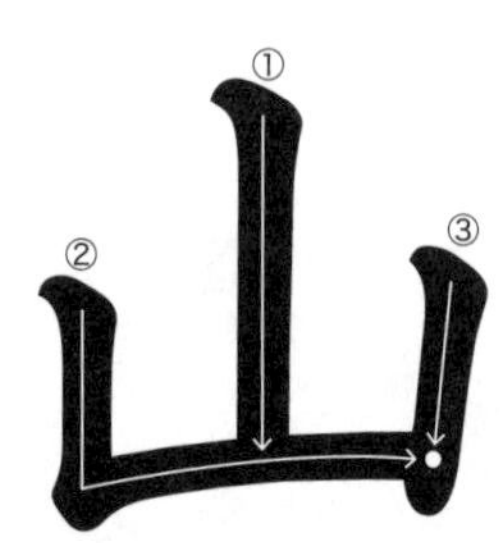

①：下(した)に突(つ)き出(で)ない

Doesn't protrude out of the bottom
Không thò ra ở dưới

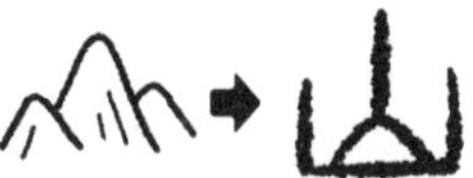

やま　山(やま)にのぼる　climb a mountain / leo núi

3画　SƠN　mountain

山 山 山 山 山 山

2

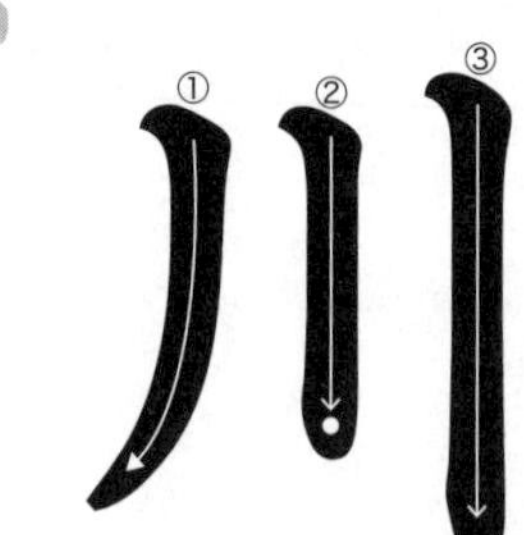

①はややカーブ、
②③はまっすぐ

① Is somewhat curved, while ② and ③ are straight
① hơi cong, ②③ thẳng

かわ　川(かわ)をわたる　cross a river / qua sông

3画　XUYÊN　river

川 川 川 川 川 川

3

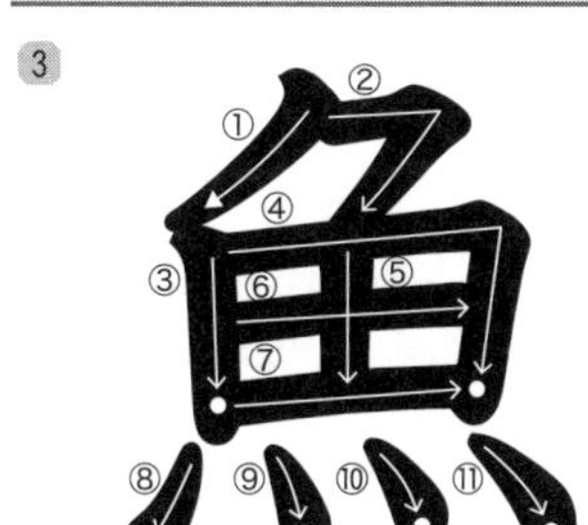

一番左だけ右から左下、ほかの３つは左から右下
（いちばんひだり　みぎ　ひだりした　ひだり　みぎした）

Only the leftmost stroke goes from right down to the left, while the other three go from the left down to the right

Trên cùng bên trái viết từ phải sang trái, 3 nét còn lại từ trái xuống phải

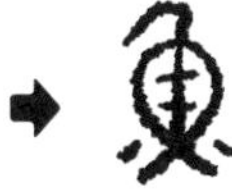

さかな	ちいさい魚（さかな）	small fish con cá nhỏ

11画　NGƯ　fish

4

下は「エ」の少し平たい形
（した　すこ　ひら　かたち）

The bottom is shaped like a slightly flatter「エ」

Phần dưới giống chữ "エ" hơi bè

そら	あおい空（そら）	blue sky bầu trời xanh

8画　KHÔNG　sky

5

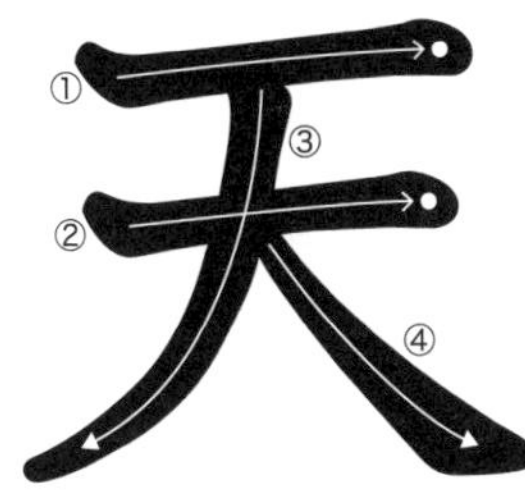

２本のよこ線は下のほうを少し短く
（ほん　せん　した　すこ　みじか）

The lower of the two horizontal lines is slightly shorter

Trong 2 nét ngang thì nét dưới ngắn hơn

テン	天気（てんき）	weather thời tiết

4画　THIÊN　sky; heavens

6

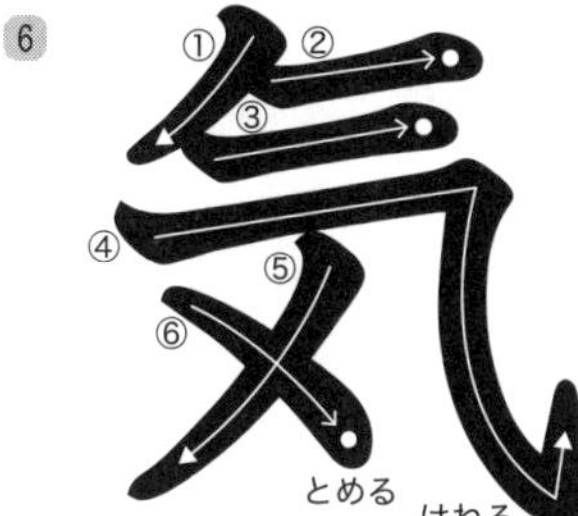

下は「メ」とほぼ同じ
（した　おな）

The bottom is nearly identical to「メ」

Bên dưới gần giống chữ "メ"

キ	気もち（き）	feeling tâm trạng
	げん気（き）(な)	fine, energetic khỏe mạnh
	びょう気（き）	sick bệnh tật

6画　KHÍ　spirit

7

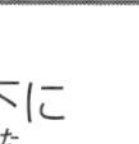

４つの短い線：左から右下に
（みじか　せん　ひだり　みぎした）

The four short lines go from the left to the bottom right

4 nét ngắn từ trái sang phải

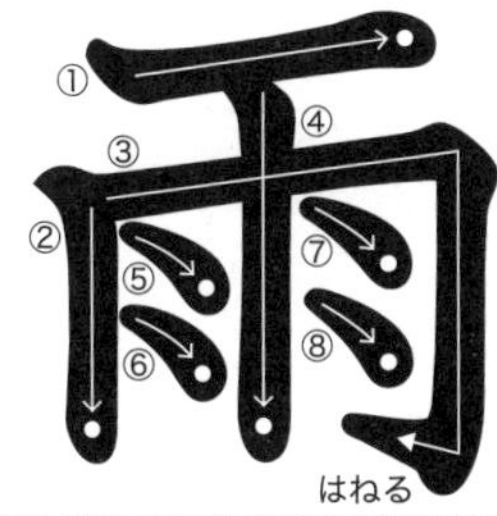

あめ	雨（あめ）がふる	to rain mưa rơi

8画　VŨ　rain

ドリル A ＿＿の ことばは ひらがなで どう かきますか。ただしい よみを えらんで ください。

1点×5

❶ きれいな 山ですね。　a. かわ　b. やま

❷ すみません。ちょっと 気もちが わるいです。　a. きい　b. き

❸ 空を みて ください。きれいですよ。　a. そら　b. そと

❹ おおきい 魚が いました。　a. さかな　b. とり

❺ 先週（せんしゅう）、たくさん 雨が ふりました。　a. ゆき　b. あめ

ドリル B ＿＿の ことばは どう かきますか。えらんで ください。

1点×5

❶ かぞくが びょう＿＿（き）ですから、しんぱいです。　a. 気　b. 木

❷ ＿＿（かわ）の ちかくは あぶないですよ。　a. 川　b. 三

❸ ＿＿（やま）の 上（うえ）に すんで いました。　a. 出　b. 山

❹ にくより ＿＿（さかな）の ほうが すきです。　a. 黒　b. 魚

❺ きょうは ちょっと ＿＿（てん）気が わるいですね。　a. 元　b. 天

ドリル C いいほうを えらんで、ぜんぶ ひらがなで ＿＿に かいて ください。

1点×10

れい きょうは（ⓐ15日　b.15月）です。　じゅうごにち

❶ あそこに ちいさい（a. 川　b. 雨）が あります。　＿＿＿＿

❷ らいしゅう、（a. 気　b. 山）に のぼりませんか。　＿＿＿＿

❸ スーパーで（a. 空　b. 魚）を かいました。　＿＿＿＿

❹ きのうは（a. 雨　b. 天）でしたから、
かさを かいました。　＿＿＿＿

❺ せんせいは いつも（a. げん気　b. 天気）ですね。　＿＿＿＿

まち①

／20

Towns ①／Khu phố ①

リサ　：あの　店(みせ)で　花(はな)を　かいたいです。
マリオ：いきましょう。
リサ　：あれ？　きょうは　休(やす)みですね。ざんねんです。

Lisa: I want to buy flowers at that store.
Mario: Let's go.
Lisa: Hm? They're closed today. That's too bad.

Lisa: Mình muốn mua hoa ở cửa hàng kia.
Mario: Thế thì đi thôi.
Lisa: Ủa? Hôm này là ngày nghỉ. Tiếc quá!

1

③：わずかなカーブ
Slightly curved
Nét cong nhẹ

みせ　　店(みせ)に入(はい)る　enter a store / vào quán

8画　ĐIẾM　shop

店	店	店	店	店	店

2

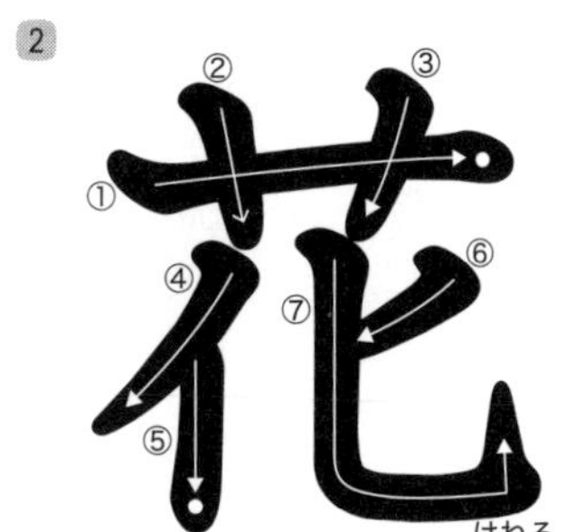

右下は細めの「ヒ」で最後ははねる

The bottom-right is a thinner「ヒ」that springs up at the end

Phần dưới bên phải là chữ "ヒ" nhỏ, cuối cùng hất lên

はな	きれいな花	pretty flower(s) hoa đẹp

7画 HOA flower

3

下は「ム」の少し平たい形

The bottom is shaped like a slightly flatter「ム」

Bên dưới giống chữ "ム" hơi bè

あ-う	会う	meet gặp gỡ
カイ	たんじょう日会	birthday party tiệc sinh nhật

6画 HỘI meeting

4

左は「ネ」の少し細い形

The left is shaped like a slightly thinner「ネ」

Bên trái là chữ "ネ" nhỏ

シャ	会社	company công ty
	会社いん	company worker nhân viên công ty

7画 XÃ shrine; company

5

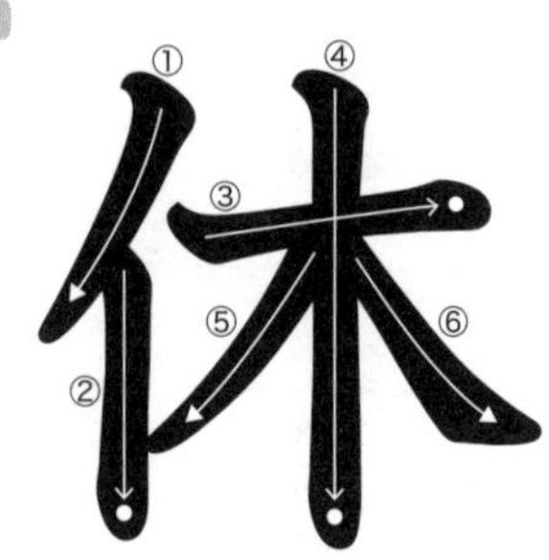

右は「木」のやや細い形

The right is shaped like a somewhat thinner「木」

Bên phải chữ chữ "木" hơi nhỏ

やす-む	休みの日	day off ngày nghỉ
	昼休み	lunch break nghỉ trưa
	なつ休み	summer break nghỉ hè
	休みます	will rest nghỉ

6画 HƯU rest

ドリル A ＿＿の ことばは ひらがなで どう かきますか。ただしい よみを えらんで ください。

1点×5

❶ あにの 会社は あそこです。 a. がいしゃ b. かいしゃ

❷ あの 店は やすいです。 a. みせ b. みせい

❸ きれいな 花ですね。 a. はな b. ばな

❹ 休みは いつですか。 a. はなみ b. やすみ

❺ みせの まえで 会いましょう。 a. か b. あ

ドリル B ＿＿の ことばは どう かきますか。えらんで ください。

1点×5

❶ なつ＿＿＿（やすみ）に りょこうしたいです。 a. 休 b. 休み

❷ あれは ゆうめいな ＿＿（かい）しゃです。 a. 会 b. 今

❸ いろいろな ＿＿（はな）が あります。 a. 化 b. 花

❹ あの お＿＿（みせ）の 人（ひと）に ききましょう。 a. 店 b. 広

❺ どようびに ともだちと ＿＿＿＿（あいます）。 a. 会います b. 会ます

ドリル C いいほうを えらんで、ぜんぶ ひらがなで ＿＿に かいて ください。

1点×10

れい きょうは（ⓐ15日 b.15月）です。 じゅうごにち

❶ 毎日（まいにち）、（a. 社会 b. 会社）まで あるいて いきます。 ＿＿＿＿＿＿

❷ この （a. 会社いん b. 店）は、いつも こんでいます。 ＿＿＿＿＿＿

❸ 友（とも）だちの うちに （a. 花 b. 店）を かって いきます。 ＿＿＿＿＿＿

❹（a. ひる休み b. あたらしい店）に みんなで
食（た）べました。 ＿＿＿＿＿＿

❺ きのうは、もりさんに （a. 休みません b. 会いません）
でした。 ＿＿＿＿＿＿

UNIT 3 わたしたちが すむところ

まち②

／20

Towns ②／Khu phố ②

マリオ：この 道(みち)は ひろいですね。
リサ：ええ。人(ひと)も 車(くるま)も 多(おお)いです。
マリオ：あ、駅(えき)が ありますよ。
リサ：こんど、電車(でんしゃ)で どこかに いきましょう。

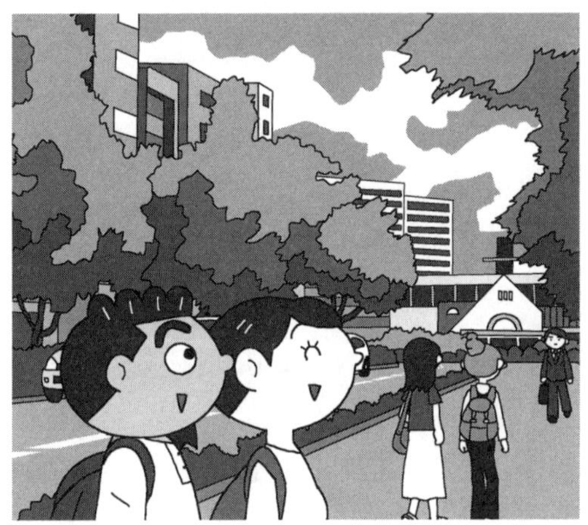

Mario: This road is wide, isn't it?
Lisa: Yes. There are many people and cars on it.
Mario: Oh, there's the station.
Lisa: Let's go somewhere on the train next time.

Mario: Con đường này rộng nhỉ.
Lisa: Ừ. Nhiều người và xe quá.
Mario: A, có ga tàu điện kìa.
Lisa: Lần tới bọn mình đi đâu bằng tàu điện nhé.

1

⑪：「Σ」を左右逆(さゆうぎゃく)にしたような形(かたち)
Shaped like a mirrored「Σ」
Giống với chữ「Σ」viết ngược trái phải

みち　ひろい道(みち)　wide street / đường rộng

道 道 道 道 道 道

12画　ĐẠO　street

2

⑦～⑩：⑦は若干左(じゃっかんひだり)にななめ、他(ほか)の３つは若干右(じゃっかんみぎ)にななめ
⑦ is slightly diagonal to the left, while the other three are slightly diagonal to the right
⑦ hơi chéo sang bên trái, 3 nét còn lại hơi chéo sang bên phải

えき　とうきょう駅(えき)　Tokyo Station / ga Tokyo

駅 駅 駅 駅 駅 駅

14画　DỊCH　station

3

上は「雨」の少し平たい形
うえ　あめ　すこ　ひら　かたち
The top is shaped like a slightly flatter「雨」
Phần trên là chữ "雨 " hơi bè

デン	電気 (でんき)	electricity điện
	電わ (でん)	phone điện thoại

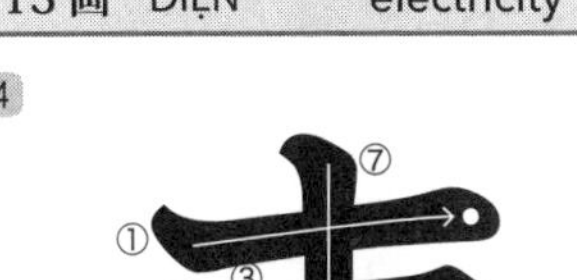

13 画　ĐIỆN　electricity

4

一番下のよこ線はほかより長く
いちばんした　せん　なが
The bottom horizontal line is longer than the others
Nét ngang dưới cùng dài hơn những nét khác

くるま	車 (くるま)	automobile xe ô tô
シャ	電車 (でんしゃ)	train tàu điện
	じてん車 (しゃ)	bicycle xe đạp

7 画　XA　car

5

少し細い「夕」を重ねる
すこ　ほそ　かさ
Two slightly thin「夕」on top of each other
Hai chữ "夕 " hơi nhỏ chồng lên nhau

おお-い	多い (おお)	many nhiều

6 画　ĐA　many

6

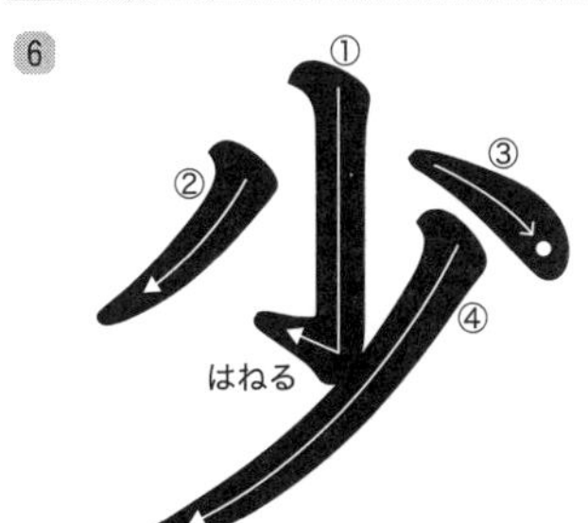

④：わずかなカーブ
Slightly curved
Nét cong nhẹ

すく-ない	少ない (すく)	few ít

4 画　THIỂU　few

UNIT 3 わたしたちが すむところ

ドリル A ＿＿の ことばは ひらがなで どう かきますか。ただしい よみを えらんで ください。

1点×5

❶ かえるとき、電気を　けして　ください。　a. てんき　b. でんき

❷ おおさか駅に　何時(なんじ)に　つきますか。　a. えき　b. いき

❸ きょうは　人(ひと)が　少ないです。　a. すくない　b. いない

❹ あの　電車に　のりましょう。　a. でんしゃ　b. でんしょ

❺ この　道を　まっすぐ　行きます。　a. とおり　b. みち

ドリル B ＿＿の ことばは どう かきますか。えらんで ください。

1点×5

❶ きょうは　しゅくだいが　＿＿(おおい)です。　a. 夕い　b. 多い

❷ ＿＿(くるま)の　うんてんは　できますか。　a. 東　b. 車

❸ ここは　店(みせ)が　＿＿＿＿(すくない)から、ちょっと　ふべんです。　a. 少ない　b. 少い

❹ ＿＿(えき)の　前(まえ)に　レストランが　あります。　a. 駅　b. 訳

❺ ＿＿(みち)が　わかりません。おしえて　ください。　a. 道　b. 週

ドリル C いいほうを えらんで、ぜんぶ ひらがなで ＿＿に かいて ください。

1点×10

(れい) きょうは（ⓐ15日　b.15月）です。　じゅうごにち

❶ かぞくと　（a. 電わ　b. 会わ）で　はなしました。　＿＿＿＿＿＿

❷ 人(ひと)が　（a. 少なくて　b. 多くて）、にぎやかでした。　＿＿＿＿＿＿

❸（a. 道　b. 電気）が　せまいですから、
きを　つけて　ください。　＿＿＿＿＿＿

❹ バスより　（a. 駅　b. 電車）の　ほうが　はやいです。　＿＿＿＿＿＿

❺ つぎの　（a. 道　b. 駅）で　おりて、
しんかんせんに　のります。　＿＿＿＿＿＿

4 学校

がっこう

School／Trường học

友だち：学校は　どうですか。

リサ：日本語は　ちょっと むずかしいですが、たのしいです。先生も　やさしいです。

Friend: How is school?
Lisa: Japanese is a little difficult, but it's fun. The teachers are kind too.

Bạn: Cậu học thế nào?
Lisa: Tiếng Nhật hơi khó một chút nhưng vui. Thầy giáo cũng tốt.

1

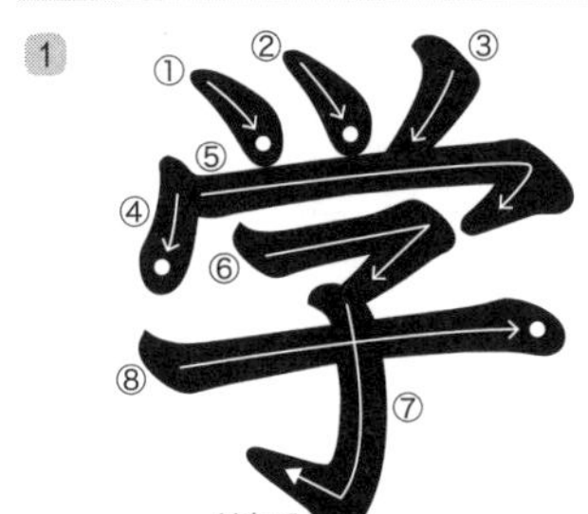

①②は右下（みぎした）にななめに、③は左下（ひだりした）にななめに

①② are diagonal down and to the right, ③ is diagonal down and to the left

①② chéo sang bên phải, ③ chéo sang bên trái

ガク	だい学（がく）	university	đại học
ガッ	学校（がっこう）	school	trường học

8画　HỌC　learning

2

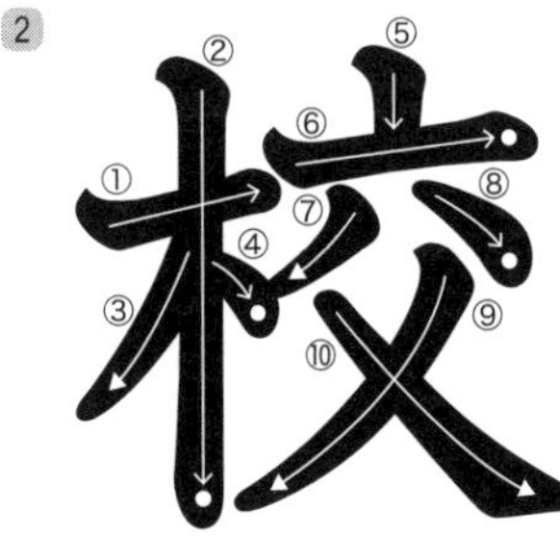

左（ひだり）は「木（き）」の少（すこ）し細（ほそ）い形（かたち）

The left is shaped like a slightly thinner「木」

Bên trái là chữ "木" hơi nhỏ

コウ	学校（がっこう）	school	trường học
	こう校（こう）	high school	trường cấp 3

10画　HIỆU　school

3

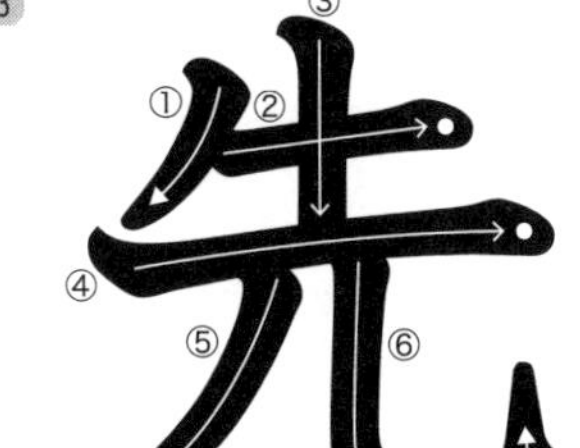

⑥：角（かく）は丸（まる）く曲（ま）げる

The bend is curved

Góc cong tròn

セン	先週（せんしゅう）	last week	tuần trước
	先月（せんげつ）	last month	tháng trước

6画　TIÊN　previous

4

生

①はらう ② ③ ④ ⑤

よこ線の長さ：⑤>②>④
Horizontal line length is in the order of ⑤>②>④
Chiều dài của nét ngang: ⑤>②>④

セイ	学生（がくせい）	student học sinh
	先生（せんせい）	teacher giáo viên

5画 SINH life

生 生 生 生 生 生

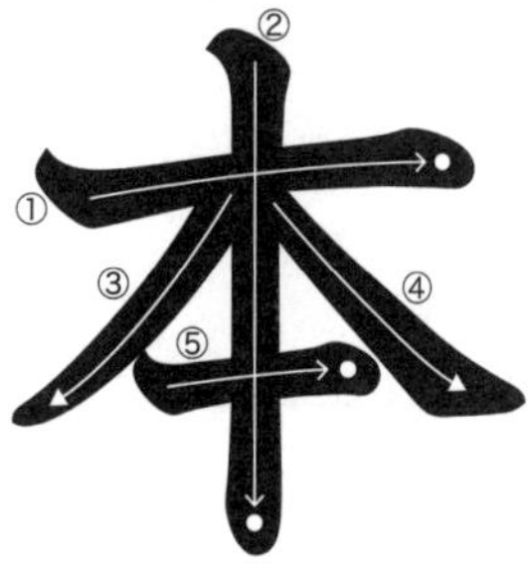

5

本

① ② ③ ④ ⑤

「木」に短いよこ線を足す
Add a short horizontal line to「木」
Thêm nét ngang ngắn vào chữ "木 "

	本（ほん）	book sách
ホン	日本（にほん）	Japan Nhật Bản
	えんぴつ２本（ほん）	two pencils 2 chiếc bút chì
ポン	バナナ１本（ぽん）	one banana 2 quả chuối
ボン	ビール３本（ぼん）	three objects 3 lon bia

5画 BẢN book

本 本 本 本 本 本

6

語

① ② ③ ④ ⑤ ⑥ ⑦ ⑧ ⑨ ⑩ ⑪ ⑫ ⑬ ⑭

右上は「五」の少し細い形
The top right is shaped like a slightly thinner「五」
Bên phải phía trên là chữ "五 " nhỏ d

ゴ	日本語（にほんご）	Japanese tiếng Nhật
	えい語（ご）	English tiếng Anh

14画 NGỮ word; language

語 語 語 語 語 語

7

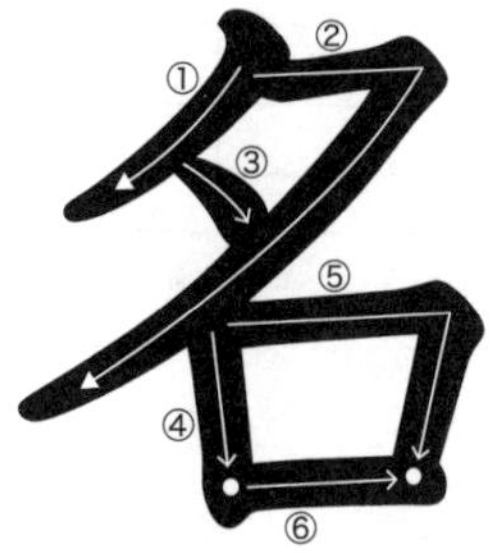

名

① ② ③ ④ ⑤ ⑥

上は「夕」の少し細い形
The top is shaped like a slightly thinner「夕」
Bên trên là chữ "夕 " nhỏ

な	名前（なまえ）	name tên

6画 DANH name

名 名 名 名 名 名

ドリル A ＿＿の ことばは ひらがなで どうかきますか。ただしい よみを えらんで ください。

1点×5

❶ 学生のとき、たくさん べんきょうしました。 a. がくせい b. かくせい

❷ らい週(しゅう)、こう校の 友(とも)だちと 会(あ)います。 a. こ b. こう

❸ その 花(はな)を 5本 ください。 a. ほん b. ぼん

❹ 先月は ひまでした。 a. こんげつ b. せんげつ

❺ かぞくと フランス語で はなします。 a. ご b. こ

ドリル B ＿＿の ことばは どう かきますか。えらんで ください。

1点×5

❶ ＿＿(せん)週(しゅう)の 土(ど)よう日(び)に えいがを みに いきました。 a. 生 b. 先

❷ ＿＿(ほん)を よむのが すきです。 a. 本 b. 木

❸ あの だい＿＿(がく)は ゆうめいです。 a. 学 b. 字

❹ ここに ＿＿(な)前を かいて ください。 a. 外 b. 名

❺ えい＿＿(ご)の メニューは ありますか。 a. 話 b. 語

ドリル C いいほうを えらんで、ぜんぶ ひらがなで ＿＿に かいて ください。

1点×10

れい きょうは（ⓐ 15日 b.15月）です。 じゅうごにち

❶ わからないとき、（a. えい語 b. 先生）に ききます。 ＿＿＿＿＿＿

❷ 店(みせ)の （a. 名前 b. 三本）は わかりますか。 ＿＿＿＿＿＿

❸ うちから （a. 先週 b. 学校）まで ちょっと とおいです。 ＿＿＿＿＿＿

❹（a. 名前 b. 日本）の りょうりが すきです。 ＿＿＿＿＿＿

❺ かさを （a. 一本 b. 一人） かりても いいですか。 ＿＿＿＿＿＿

UNIT 3

まとめもんだい A

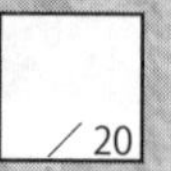

もんだい1 ＿＿＿の ことばは ひらがなで どう かきますか。ひとつ えらんで ください。 （1点×10）

1 かっこいい 車ですね。

1 かばん　2 くつ　3 くるま　4 とけい

2 きのう、会社に いきませんでした。

1 かいしゃ　2 しごと　3 がっこう　4 びょういん

3 しゅくだいが 多くて、 たいへんです。

1 おおいくて　2 おおくて　3 おおきくて　4 おくて

4 きょうも 空が きれいです。

1 そう　2 ぞう　3 ぞら　4 そら

5 休むとき でんわを して ください。

1 やすむ　2 すむ　3 こむ　4 やむ

6 ここに おおきい 山が あります。

1 かわ　2 やま　3 うみ　4 えき

7 先月 あねが けっこんしました。

1 こんげつ　2 せんげつ　3 こんしゅう　4 せんしゅう

8 あしたは 雨です。

1 ゆき　2 はれ　3 あめ　4 くもり

9 スーパーで 魚を かいました。

1 にく　2 やさい　3 たまご　4 さかな

10 すみません。駅まで おねがいします。

1 えき　2 てら　3 みせ　4 まち

もんだい２　＿＿＿の　ことばを　どう　かきますか。ひとつ　えらんで　ください。

（１点×10）

1 でんきを　つけても　いいですか。

1　天気　　2　電気　　3　電車　　4　電話

2 みちが　ひろくて、いいです。

1　近　　2　週　　3　遠　　4　道

3 おとうさんの　なまえを　かいて　ください。

1　名前　　2　外前　　3　右揃　　4　名揃

4 日本ごが　ちょっと　わかります。

1　話　　2　読　　3　語　　4　誤

5 きょう、この　レストランは　やすみです。

1　休すみ　　2　体すみ　　3　休み　　4　体み

6 がっこうに　じてんしゃで　いきます。

1　東　　2　車　　3　束　　4　串

7 としょかんに　たくさん　ほんが　あります。

1　本　　2　木　　3　水　　4　ホ

8 たくさん　たべて、きもちが　わるいです。

1　汽もち　　2　木もち　　3　金もち　　4　気もち

9 あした、かのじょの　かぞくに　あいます。

1　会ます　　2　会います　　3　令います　　4　令ます

10 がくせいは　ちょっと　やすいです。

1　学先　　2　字生　　3　学生　　4　字先

UNIT 3

まとめもんだいＢ

もんだい１（よみ） ＿＿＿の　ことばは　ひらがなで　どう　かきますか。

①学校で　まいにち　②日本語を　べんきょうします。③先生は　おもしろい　ひとです。ともだちも　やさしいです。きのう、④たんじょうび会を　しました。ともだちに　⑤花を　あげました。

①	②	③
④	⑤	

もんだい２（かき） ＿＿＿の　ことばは　かんじで　どう　かきますか。えらんで　ください。

わたしの　まちは　しずかです。①みせも　ひとも　②すくないです。でも、きれいな　③やまと　④かわが　たくさん　あります。まいにち　いい　⑤てんきです。わたしは　この　まちが　すきです。

a. 山　b. 雨　c. 川　d. 木　e. 店　f. 駅
g. 天気　h. 元気　i. 小ない　j. 少ない

①	②	③	④	⑤

PART 2
N5 漢字(かんじ)を おぼえよう

UNIT 4 その他(た)

Other Topics

Khác

1 からだ Bodies／Cơ thể

2 どんな？ Like What?／Như thế nào?

3 すること① Actions ①／Hành động ①

4 すること② Actions ②／Hành động ②

UNIT 4
1

からだ

Bodies／Cơ thể

〈病院(びょういん)で〉 いしゃ　：どう　しましたか。
マリオ：のどが　いたいです。
いしゃ　：口(くち)を　大(おお)きく　あけて　ください。
…はい、つぎは、目(め)を　みせて　ください。

(At the hospital)
Doctor: What issues are you having?
Mario: My throat hurts.
Doctor: Please open your mouth wide. Okay, show me your eyes next.

(Tại bệnh viện)
Bác sĩ: Cậu bị làm sao thế?
Mario: Tôi đau họng.
Bác sĩ: Hãy mở to miệng nào. Rồi, tiếp theo hãy cho tôi xem mắt.

1

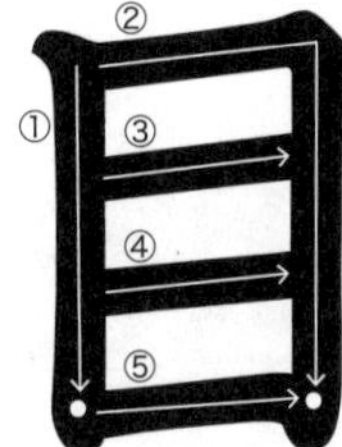

3つの四角(しかく)の形(かたち)はほぼ同(おな)じ
The three rectangular shapes are nearly identical
3 phần hình chữ nhật gần bằng nhau

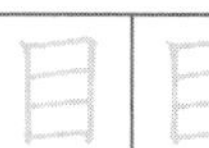

め

目(め)　eye　mắt

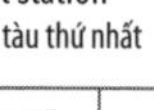

一(ひと)つ目(め)のえき
first station
tga tàu thứ nhất

5画　MỤC　eye

目 目 目 目 目 目

2

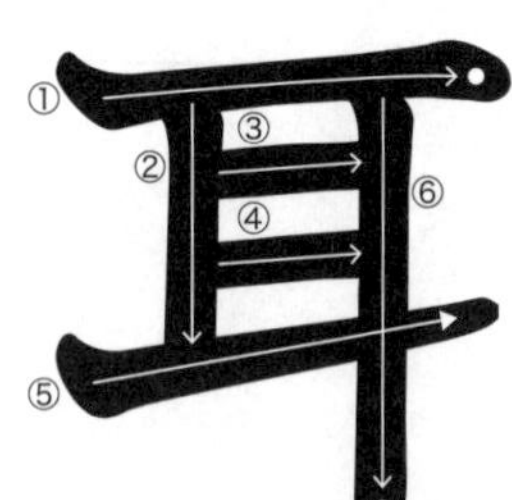

⑤：やや右上(みぎうえ)にななめに
Somewhat diagonal up and to the right
Hơi chéo sang phải lên trên

みみ

耳(みみ)　ear　tai

6画　NHĨ　ear

耳 耳 耳 耳 耳 耳

3

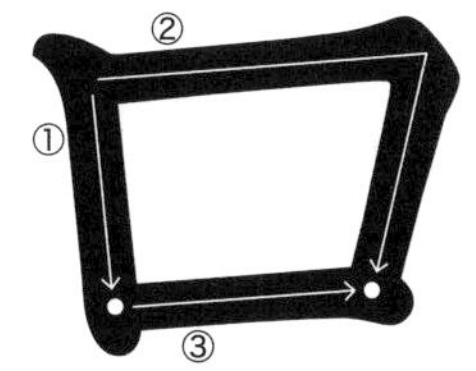
①
②
③

よこ線（せん）：下（した）のほうを少（すこ）し短（みじか）く
The bottom horizontal line is slightly shorter
Nét ngang: Viết nét dưới hơi ngắn

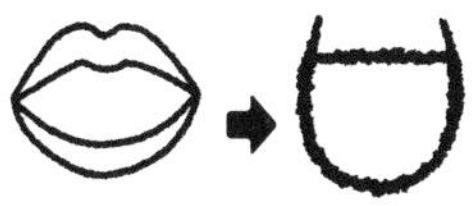

くち	口（くち）	mouth miệng
ぐち	南口（みなみぐち）	south gate cửa phía Nam

3画　KHẨU　mouth

口 口 口 口 口 口

4

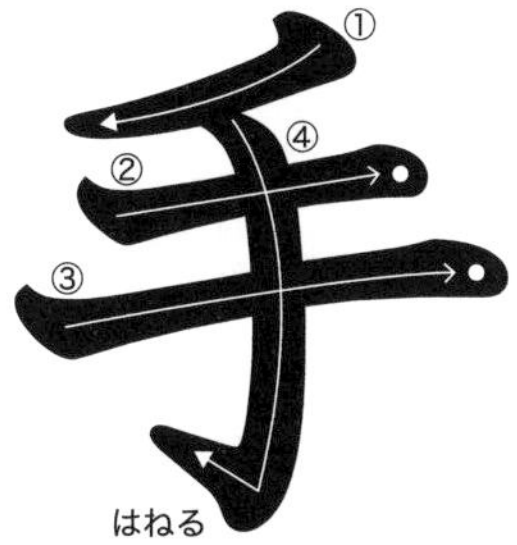
①
②
③
④
はねる

①：右（みぎ）から左下（ひだりした）に短（みじか）く
Short, from the right down to the left
Nét ngắn từ phải xuống trái

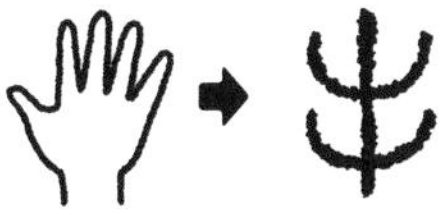

て	右手（みぎて）	right hand tay phải
	左手（ひだりて）	left hand tay trái

4画　THỦ　hand

手 手 手 手 手 手

5

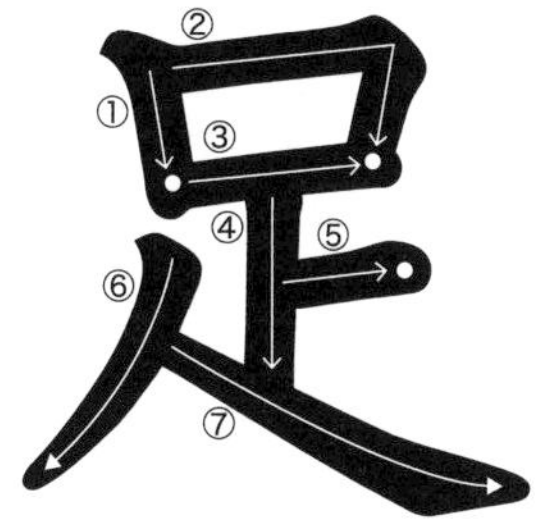
①
②
③
④
⑤
⑥
⑦

上（うえ）は「口（くち）」の少（すこ）し平（ひら）たい形（かたち）
The top is shaped like a slightly flatter「口」
Bên trên là chữ "口" nhỏ

あし	足（あし）	foot chân

7画　TÚC　foot

足 足 足 足 足 足

6

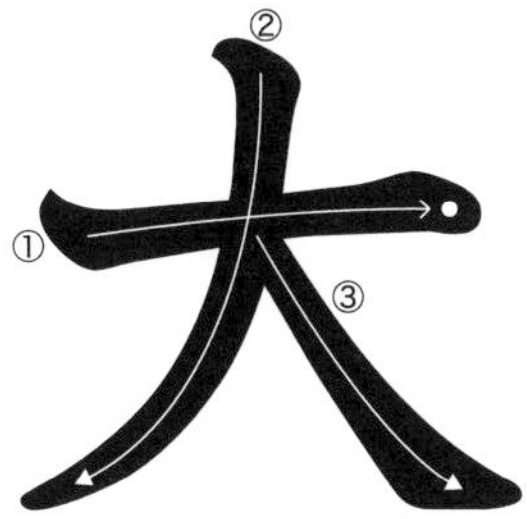
①
②
③

②③：「人（ひと）」とほぼ同（おな）じ

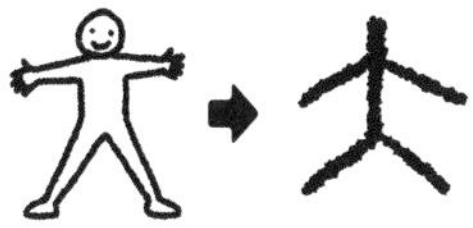

おお-きい	大（おお）きい	big to

3画　ĐẠI　big

大 大 大 大 大 大

7

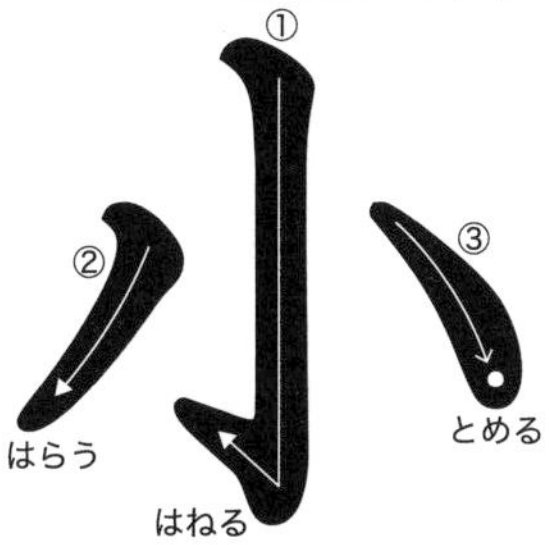
①
②
③
はらう
はねる
とめる

左右（さゆう）の短（みじか）い線（せん）：
左（ひだり）ははらい、右（みぎ）はとめる
The short line to the left extends out naturally, while the short line to the right comes to a stop
Nét ngắn trái phải: bên trái hất, bên phải dừng

ちい-さい	小（ちい）さい	small nhỏ
ショウ	小学校（しょうがっこう）	elementary school trường tiểu học
	小学生（しょうがくせい）	elementary school student học sinh tiểu học

3画　TIỂU　small

小 小 小 小 小 小

ドリル A ＿＿の ことばは ひらがなで どう かきますか。ただしい よみを えらんで ください。

1点×5

❶ 大きい　テーブルが　ほしいです。　a. お　b. おお

❷ まどから　手を　ださないで　ください。　a. かお　b. て

❸ 目が　いたいです。　a. め　b. くち

❹ この　シャツは　小さいです。　a. ち　b. ちい

❺ 左足が　いたいです。　a. あし　b. て

ドリル B ＿＿の ことばは どう かきますか。えらんで ください。

1点×5

❶ もう　少し　＿＿きい　サイズは　ありますか。（おお）　a. 大　b. 多

❷ とても　からくて、＿＿が　いたいです。（くち）　a. 口　b. 回

❸ むこうに　＿＿さい　川（かわ）が　あります。（ちい）　a. 少　b. 小

❹ これは　＿＿で　たべて　ください。（て）　a. 千　b. 手

❺ さむくて、＿＿が　いたいです。（みみ）　a. 耳　b. 目

ドリル C いいほうを えらんで、ぜんぶ ひらがなで ＿＿に かいて ください。

1点×10

（れい） きょうは（ⓐ15日　b.15月）です。　じゅうごにち

❶ 駅（えき）の（a. 南口　b. 足）で　まって　います。　＿＿＿＿＿＿

❷ たくさん　あるきましたから、（a. 口　b. 足）が
つかれました。　＿＿＿＿＿＿

❸（a. 少し　b. 大きい）　こえで　はなして　ください。　＿＿＿＿＿＿

❹（a. 二つ目　b. 二日）の　しんごうを　右（みぎ）に　まがります。　＿＿＿＿＿＿

❺（a. 左目　b. 右手）で　これを　もって　ください。　＿＿＿＿＿＿

どんな？

／20

Like What?／Như thế nào?

〈フリーマーケットなどで〉

マリオ：これ、みて　ください。いいですね。

リサ：ええ。古(ふる)いものですね。…ああ、ちょっと　高(たか)いですね。

マリオ：ほんとうだ。この　白(しろ)いのは安(やす)いですよ。

(At a flea market, etc.)
Mario: Take a look at this. Isn't it nice?
Lisa: Yes. It's old, isn't it. Oh, it's a little expensive.
Mario: You're right. This white one is cheap.

(Tại chợ đồ cũ)
Mario: Cậu hãy xem cái này này. Hay nhỉ.
Lisa: Ừ, trông cổ nhỉ. À... hơi đắt nhỉ.
Mario: ừ nhỉ. Cái màu trắng này thì rẻ đấy.

1

「口(くち)」は少(すこ)し平(ひら)たく
The「口」are slightly flattened
Chữ "口 " hơi bè

たか-い　高(たか)い　high　đắt

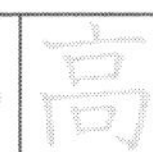

10画　CAO　high

高 高 高 高 高 高

2

③：内側(うちがわ)に折(お)りまげる
Turns inward
Gập vào bên trong

やす-い　安(やす)い　cheap　rẻ

6画　AN　cheap

安 安 安 安 安 安

3

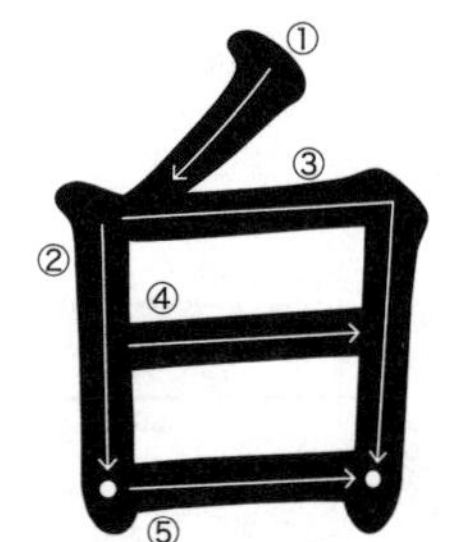

①：右(みぎ)から左下(ひだりした)に短(みじか)く
Short, from the right down to the left
Nét ngắn từ phải xuống trái

しろ	白(しろ)とくろ	white and black trắng và đen
しろ-い	白(しろ)い	white trắng và đen

5画　BẠCH　white

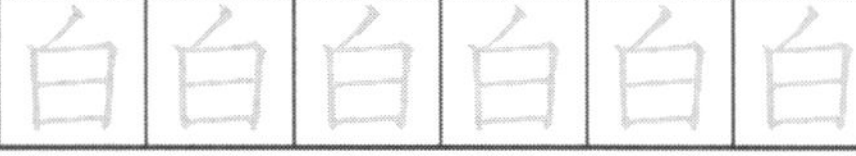

4

⑪：わずかなカーブ
Slightly curved
Nét cong nhẹ

あたら-しい	新(あたら)しい	new mới

13画　TÂN　new

5

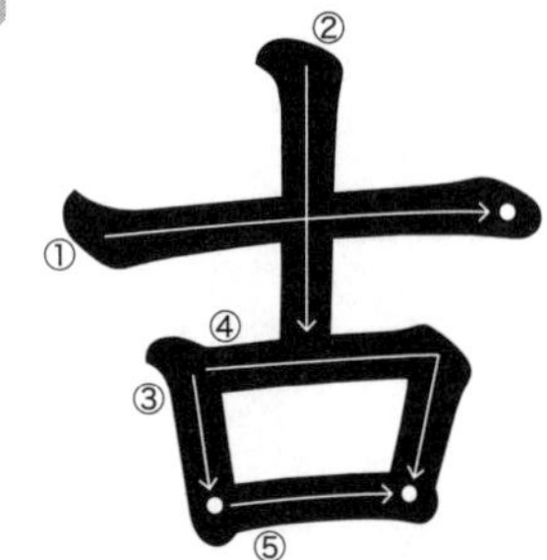

下(した)は「口(くち)」の平(ひら)たい形(かたち)
The bottom is shaped like a flatter「口」
Bên dưới là chữ "口 " nhỏ

ふる-い	古(ふる)い	old cũ

5画　CỔ　old

6

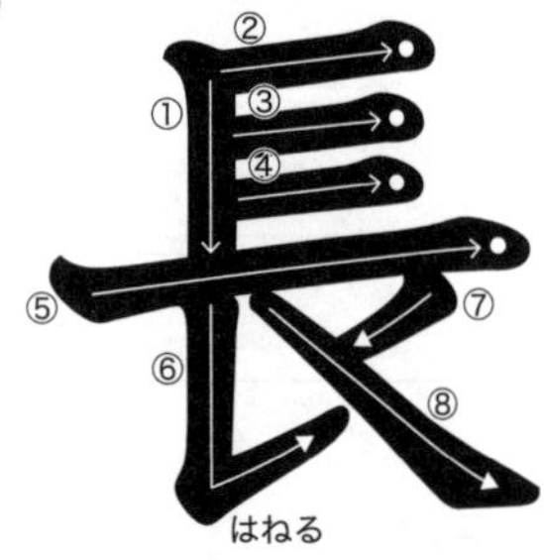

⑦：右(みぎ)から左下(ひだりした)に短(みじか)く、突(つ)き抜(ぬ)けない
short, and down and to the right without passing through
viết từ phải xuống nét ngắn, không thò ra ngoài

なが-い	長(なが)い	long dài

8画　TRƯỜNG　long

ドリル A ＿＿の ことばは ひらがなで どう かきますか。ただしい よみを えらんで ください。

1点×5

❶ この　スカートは　ちょっと　長いです。　a. ながい　b. いい
❷ わたしは　白より　くろの　ほうが　いいです。　a. しろい　b. しろ
❸ ホテルは　安かったです。　a. やすかった　b. たかかった
❹ ヤンさんは　わたしより　せが　高いです。　a. ひくい　b. たかい
❺ あの　人は　新しい　先生（せんせい）ですか。　a. あたらしい　b. やさしい

ドリル B ＿＿の ことばは どう かきますか。えらんで ください。

1点×5

❶ あの　店の　ほうが　＿＿（やす）いですよ。　a. 女　b. 安
❷ あの　ビルは　＿＿（あたらしい）です。　a. 新い　b. 新しい
❸ この　くつは　＿＿（たかい）ですね。　a. 高い　b. 高かい
❹ ＿＿（しろ）い　シャツを　もって　いますか。　a. 白　b. 百
❺ 先生（せんせい）の　はなしは　＿＿（ながかった）です。　a. 長がかった　b. 長かった

ドリル C いいほうを えらんで、ぜんぶ ひらがなで ＿＿に かいて ください。

1点×10

れい きょうは（ⓐ15日　b.15月）です。　じゅうごにち

❶（a. 古い　b. 少ない）　おてらに　いきました。　＿＿＿＿
❷（a. 多い　b. 安い）　きっぷが　ありますか。　＿＿＿＿
❸ これは　（a. 新しく　b. 長く）ないです。ふるいです。　＿＿＿＿
❹ あの（a. 安い　b. 高い）山に　のぼりたいです。　＿＿＿＿
❺ いもうとは　かみが　（a. 古い　b. 長い）です。　＿＿＿＿

することⓘ

Actions ①／Hành động ①

リサ：あした、えいがを
見に　行きませんか。
マリオ：いいですね。その　あと、
買いものも　したいです。
リサ：じゃ、えいがかんの
入口で　あいましょう。

Lisa: Would you like to go see a movie tomorrow?
Mario: That sounds nice. I'd like to go shopping afterwards too.
Lisa: In that case, let's meet at the entrance of the movie theater.

Lisa: Ngày mai cậu đi xem phim không?
Mario: Hay đấy. Sau đó tớ muốn đi mua đồ.
Lisa: Vậy thì hẹn gặp nhau ở cổng rạp chiếu phim nhé.

1

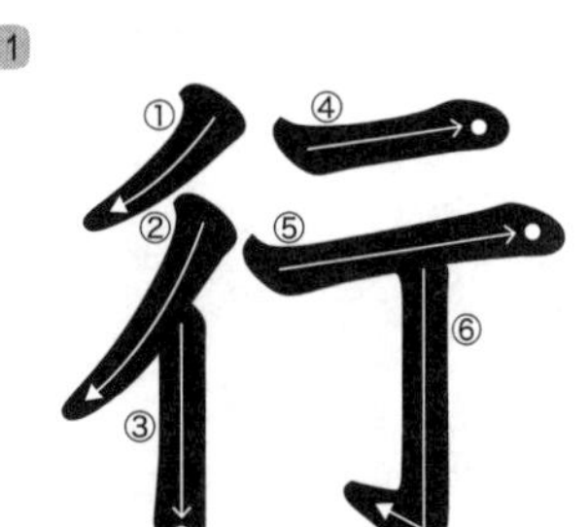

右：２本のよこ線は下のほうを少し長く
The bottom of the two horizontal lines on the right is slightly longer
Bên phải: 2 nét ngang hơi dài xuống dưới

い-く	行く	to go đi

6画　HÀNH　go

2

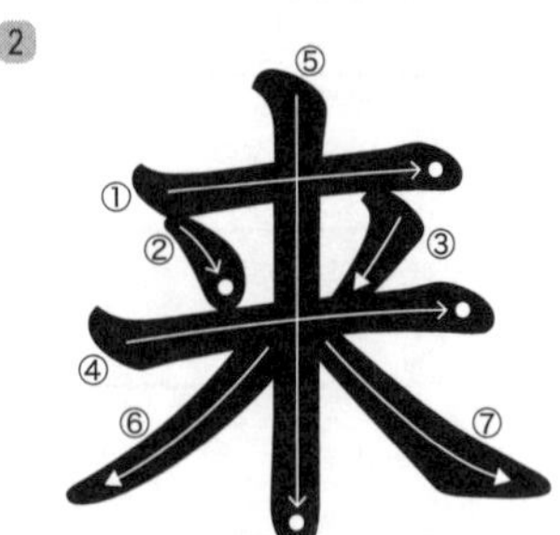

③：とめる、④：はらう
Bring ③ to a stop, while ④ extends out naturally
③ dừng ④ hất

く-る	来る	to come đến
き-ます	来ます	to come đến
こ-ない	来ない	isn't coming không đến

7画　LAI　come

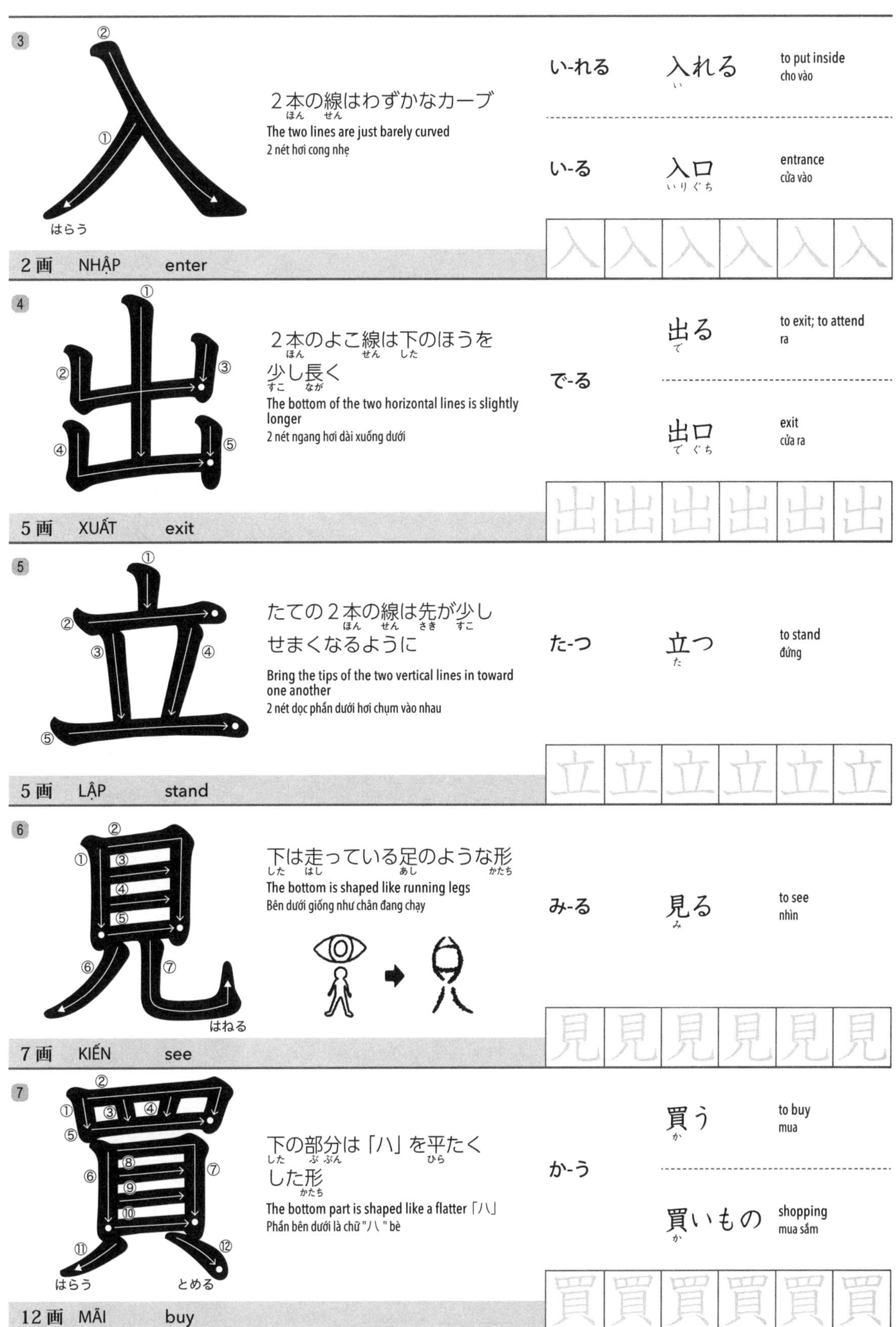

3

２本の線はわずかなカーブ
The two lines are just barely curved
2 nét hơi cong nhẹ

はらう

いれる　入れる　to put inside　cho vào
いる　入口　entrance　cửa vào

2画　NHẬP　enter

4

２本のよこ線は下のほうを少し長く
The bottom of the two horizontal lines is slightly longer
2 nét ngang hơi dài xuống dưới

でる　出る　to exit; to attend　ra
出口　exit　cửa ra

5画　XUẤT　exit

5

たての２本の線は先が少しせまくなるように
Bring the tips of the two vertical lines in toward one another
2 nét dọc phần dưới hơi chụm vào nhau

たつ　立つ　to stand　đứng

5画　LẬP　stand

6

下は走っている足のような形
The bottom is shaped like running legs
Bên dưới giống như chân đang chạy

はねる

みる　見る　to see　nhìn

7画　KIẾN　see

7

下の部分は「ハ」を平たくした形
The bottom part is shaped like a flatter「ハ」
Phần bên dưới là chữ "ハ" bè

はらう　とめる

かう　買う　to buy　mua
買いもの　shopping　mua sắm

12画　MÃI　buy

ドリル A ＿＿の ことばは ひらがなで どう かきますか。ただしい よみを えらんで ください。

1点×5

❶ あそこに 入口が あります。 a. いりぐち b. いりくち

❷ わたしの 国に あそびに 来て ください。 a. きて b. いって

❸ すもうを 見た ことが ありますか。 a. した b. みた

❹ いっしょに 行きましょう。 a. かき b. いき

❺ 出口は どこですか。 a. でくち b. でぐち

ドリル B ＿＿の ことばは どう かきますか。えらんで ください。

1点×5

❶ きのう、どこかに ＿＿（い）きましたか。 a. 入 b. 行

❷ 何時間（なんじかん）も ＿＿（たって）いました。 a. 立て b. 立って

❸ あした、うちに ＿＿（き）ませんか。 a. 来 b. 東

❹ わたしも かいぎに ＿＿（で）ますか。 a. 出 b. 山

❺ ここに お金（かね）を ＿＿（い）れます。 a. 入 b. 人

ドリル C いいほうを えらんで、ぜんぶ ひらがなで ＿＿に かいて ください。

1点×10

れい きょうは（ⓐ15日 b.15月）です。 じゅうごにち

❶ デパートへ （a. 出口 b. 買いもの）に いきました。 ＿＿＿＿＿＿

❷ よる、テレビを （a. 見 b. 入れ）ました。 ＿＿＿＿＿＿

❸ こうえんに （a. 買って b. 行って）きました。 ＿＿＿＿＿＿

❹ かばんに さいふを （a. 入れ b. 出）ました。 ＿＿＿＿＿＿

❺ そこに （a. 見ない b. 立たない）で ください。 ＿＿＿＿＿＿

すること⓶

／20

Actions ②／Hành động ②

先生(せんせい)　：休(やす)みの　日(ひ)に　よく　何(なに)を　しますか。
リサ：わたしは　本(ほん)を　**読**(よ)みます。
学生(がくせい)A：わたしは　おんがくを　**聞**(き)きます。
学生(がくせい)B：わたしは　友(とも)だちと　会(あ)って　いろいろ　**話**(はな)します。

Teacher: What do you often do on your days off?
Lisa: I read books.
Student A: I listen to music.
Student B: I will meet my friend and talk about different things.

Thầy giáo: Vào ngày nghỉ em hay làm gì?
Lisa: Em đọc sách.
Học sinh A: Em nghe nhạc.
Học sinh B: Tôi gặp bạn và nói rất nhiều chuyện

1

①②：上(うえ)の部分(ぶぶん)をつけて、かさのような形(かたち)に
the top portion is connected and has an umbrella-like shape
thêm vào phần bên trên có hình dạng giống với cái ô

た-べる

食(た)べる	to eat ăn	
食(た)べもの	food đồ ăn	

食 食 食 食 食 食

9画　THỰC　eat

2

左(ひだり)：「食(しょく)」が細(ほそ)くなった形(かたち)＋下(した)の部分(ぶぶん)は「ム」の形(かたち)
The left is shaped like a thinner「食」with the bottom part shaped like a「ム」
Bên trái là chữ "食" nhỏ + bên dưới là chữ "ム"

の-む

飲(の)む	to drink uống
飲(の)みもの	beverage đồ uống

飲 飲 飲 飲 飲 飲

12画　ẨM　drink

3

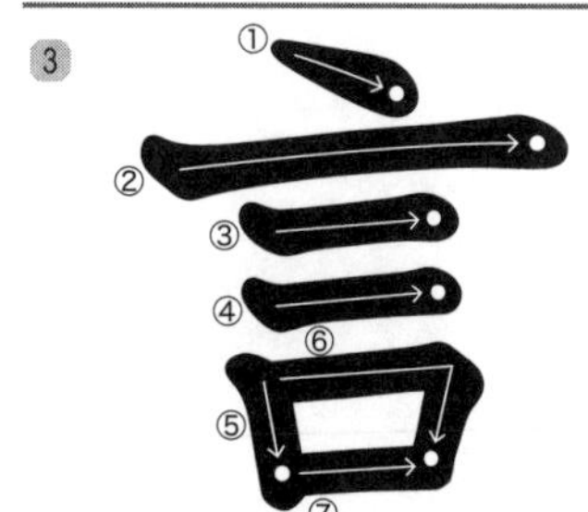

②③④：②が長く、③④は同じ長さ
（ながく：なが、おなじ：おな、ながさ：なが）

② is longer, while ③ and ④ are the same length

② dài, ③④ dài bằng nhau

い-う	言う（い）	to say nói

7画　NGÔN　statement

言　言　言　言　言　言

4

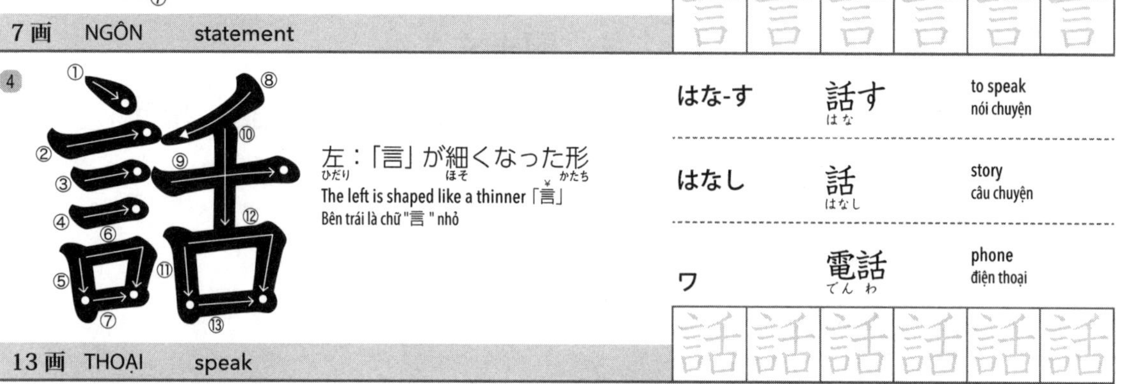

左：「言」が細くなった形
（ひだり、ほそ、かたち）

The left is shaped like a thinner「言」

Bên trái là chữ "言" nhỏ

はな-す	話す（はな）	to speak nói chuyện
はなし	話（はなし）	story câu chuyện
ワ	電話（でんわ）	phone điện thoại

13画　THOẠI　speak

話　話　話　話　話　話

5

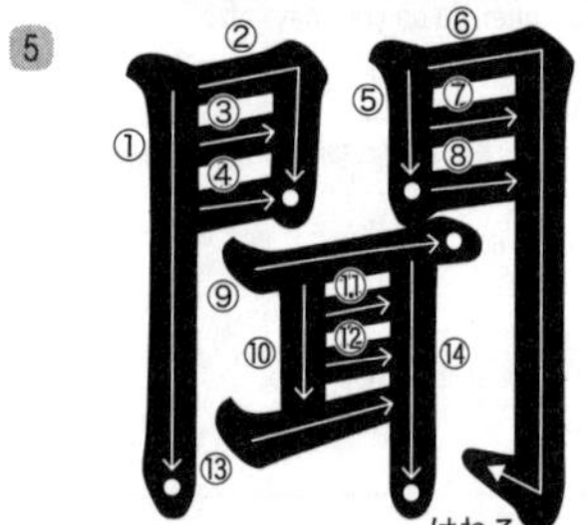

「門」(=gate) の中に「耳」がある
（もん、なか、みみ）

A「耳」inside a「門」(=gate)

Bên trong "門" (MÔN) có 耳

き-く	聞く（き）	to listen nghe

13画　VĂN　listen

聞　聞　聞　聞　聞　聞

6

⑧⑩：２本のよこ線は下のほうを短く
（ほん、せん、した、みじか）

The lower of the two horizontal lines is shorter

Bên phải: bên dưới 2 nét ngang ngắn

よ-む	読む（よ）	to read đọc
	読みかた（よ）	how to read cách đọc

14画　ĐỘC　read

読　読　読　読　読　読

7

よこ線は②＞⑤＞①③④
（せん）

The length of the horizontal lines is in the order of ②＞⑤＞①③④

Nét ngang ②＞⑤＞①③④

か-く	書く（か）	to write viết
	書きかた（か）	how to write cách viết

10画　THƯ　write

書　書　書　書　書　書

ドリル A ＿＿の ことばは ひらがなで どうかきますか。ただしい よみを えらんで ください。

1点×5

❶ きのう、何を　食べましたか。　a. だ　b. た

❷ それは　言わないで　ください。　a. か　b. い

❸ 先生が　書き　かたを　おしえて　くれました。　a. かき　b. きき

❹ わたしは　コーヒーを　よく　飲みます。　a. のみ　b. よみ

❺ おんがくを　聞くのが　すきです。　a. ひく　b. きく

ドリル B ＿＿の ことばは どう かきますか。えらんで ください。

1点×5

❶ 日本語が　少し　＿＿（はな）せます。　a. 話　b. 読

❷ 先生に　＿＿（き）いて　ください。　a. 聞　b. 間

❸ すみません、もう　いちど　＿＿（い）って　ください。　a. 言　b. 行

❹ うちに　＿＿（た）べものが　なにも　ありません。　a. 飲　b. 食

❺ としょかんで　本を　＿＿＿＿（よんで）います。　a. 読で　b. 読んで

ドリル C いいほうを えらんで、ぜんぶ ひらがなで ＿＿に かいて ください。

1点×10

（れい）きょうは（ⓐ15日　b.15月）です。　じゅうごにち

❶ つめたい（a. 書きかた　b. 飲みもの）が　ほしいです。　＿＿＿＿＿＿

❷ こんばん、（a. 電話　b. 食べもの）します。　＿＿＿＿＿＿

❸ この　かんじの（a. 読みかた　b. 飲みかた）を
おしえて　ください。　＿＿＿＿＿＿

❹ ペンで（a. 読んで　b. 書いて）も　いいですか。　＿＿＿＿＿＿

❺ すきな（a. 食べもの　b. 読む）は　すしです。　＿＿＿＿＿＿

UNIT 4

まとめもんだい A

／20

もんだい１　＿＿の　ことばは　ひらがなで　どう　かきますか。ひとつ　えらんで　ください。

（1点× 10）

1 高い　ビルが　たくさん　あります。
　１　ひくい　２　しろい　３　たかい　４　あおい

2 きのうから　足が　いたいです。
　１　て　２　め　３　みみ　４　あし

3 ともだちに　メールを　書いて　います。
　１　かきいて　２　かいて　３　きいて　４　ききいて

4 あした　にもつが　来ると　おもいます。
　１　きる　２　こる　３　ある　４　くる

5 こうえんで　小学生が　あそんでいます。
　１　しょうがくせい　２　ちゅうがくせい
　３　こうこうせい　４　だいがくせい

6 5時半ごろ　へやを　出ました。
　１　だし　２　で　３　でき　４　だ

7 この　川は　日本で　いちばん　長いです。
　１　きれい　２　あおい　３　みじかい　４　ながい

8 ここに　入れても　いいですか。
　１　はいれて　２　でれて　３　いれて　４　とれて

9 これは　古い　しゃしんですね。
　１　くろい　２　しろい　３　ふるい　４　ふろい

10 えいがを　見に　いきませんか。

1　み　　2　め　　3　かい　　4　きき

もんだい2　＿＿＿の　ことばを　どう　かきますか。ひとつ　えらんで　ください。

（1点×10）

1 おおきい　かばんが　ほしいです。

1　大きい　　2　太きい　　3　犬きい　　4　火きい

2 この　さいふは　あたらしいです

1　親い　　2　親しい　　3　新い　　4　新しい

3 おおきい　こえで　いって　ください。

1　言って　　2　話って　　3　行って　　4　入って

4 ちいさい　ねこが　います。

1　小いさい　　2　小さい　　3　少さい　　4　少いさい

5 それを　たべては　いけません。

1　立べては　　2　飲べては　　3　高べては　　4　食べては

6 きょうは　たくさん　かいました。

1　貝い　　2　見い　　3　買い　　4　書い

7 しろい　シャツを　いもうとに　あげました。

1　目い　　2　日い　　3　白い　　4　自い

8 これが　ひとつめの　もんだいです。

1　耳　　2　目　　3　口　　4　足

9 かぞくに　でんわ　しました。

1　電車　　2　電気　　3　電話　　4　電動

10 そこは　でぐちじゃないです。

1　山口　　2　出口　　3　入口　　4　人口

まとめもんだい B

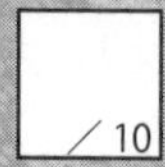

もんだい 1（よみ） ＿＿＿の　ことばは　ひらがなで　どう　かきますか。

わたしは　よく　でんしゃで　ほんを　①読んだり　おんがくを　②聞いたり　します。きょうは　③長い　じかん　でんしゃで　④立って　いましたから、⑤足が　ちょっと　いたいです。

①	②	③
④	⑤	

もんだい 2（かき） ＿＿＿の　ことばは　かんじで　どう　かきますか。えらんで　ください。

きのう、①あたらしい　きっさてんに　②いきました。コーヒーを　③のみながら　ともだちと　④はなしました。コーヒーは　⑤やすくて　おいしかったです。

a. 安　b. 高　c. 食　d. 飲　e. 話
f. 後　g. 来　h. 言　i. 行　j. 新

①	②	③	④	⑤

PART 2
N5 漢字(かんじ)を おぼえよう

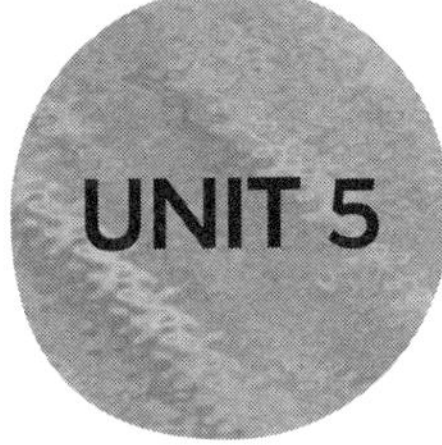

「N5 漢字(かんじ)」の 新(あたら)しい 読(よ)み

New N5 kanji readings

Cách đọc mới của "chữ Hán N5"

※ UNIT 1~4 で習(なら)った漢字(かんじ)の新(あたら)しい読(よ)みです。

※ These are new readings for kanji learned in units 1 to 4.

※ Là cách đọc mới của chữ Hán học ở Unit 1 ~ 4

1 新(あたら)しい音読(おんよ)み① New On-yomi ①／Cách đọc âm Hán mới ①

2 新(あたら)しい音読(おんよ)み② New On-yomi ② ／Cách đọc âm Hán mới ②

3 新(あたら)しい訓読(くんよ)み New Kun-yomi ①／Cách đọc âm Nhật mới

新(あたら)しい 音読(おんよ)み①

／20

New On-yomi ①／Cách đọc âm Hán mới ①

1	新	あたら-しい シン	新(あたら)しい 新年(しんねん)	new / mới New Year / năm mới	新(あたら)しい ふくを 着(き)て、 新年(しんねん)の あいさつを しました。	I wore my new clothes and gave my New Year's greetings. Mặc quần áo mới và chào chúc mừng năm mới.
2	今	いま コン きょう* ことし*	今(いま) 今週(こんしゅう) 今月(こんげつ) 今日(きょう) 今年(ことし)	now / bây giờ this week / tuần này this month / tháng này today / hôm nay this year / năm nay	今週(こんしゅう)は 今日(きょう)から 休(やす)みです。	My break this week starts today. Tuần này được nghỉ từ hôm nay.
3	大	おお-きい ダイ	大(おお)きい 大学(だいがく) 大学生(だいがくせい)	big / to university / trường đại học university student / sinh viên đại học	大(おお)きい 大学(だいがく)ですね。	Isn't this university large? Trường đại học lớn quá nhỉ.
4	聞	き-く ブン	聞(き)く 新聞(しんぶん)	to listen / nghe newspaper / tờ báo	毎日(まいにち)、新聞(しんぶん)を 読(よ)んで、 ラジオも 聞(き)きます。	I read the newspaper and listen to the radio each day. Hàng ngày tôi đọc báo, nghe đài.
5	来	く-る ライ	来(く)る 来週(らいしゅう) 来月(らいげつ) 来年(らいねん)	to come / đến next week / tuần sau next month / tháng sau next year / sang năm	来月(らいげつ)、また 来(き)て ください。	Please come again next month Tháng sau lại đến nhé.
6	外	そと ガイ	いえの外(そと) 外国(がいこく) 外国人(がいこくじん)	outside the home / bên ngoài nhà foreign country / nước ngoài foreigner / người nước ngoài	外(そと)に 外国(がいこく)の 車(くるま)が あります。	There is a foreign car outside. Bên ngoài có chiếc xe ô tô ngoại.

ドリル A ＿＿の ことばは ひらがなで どう かきますか。ただしい よみを えらんで ください。

1点×5

❶ 今週は　あまり　いそがしく ないです。　a. こん　b. いま

❷ ここは　外国人に　にんきが　あります。　a. が　b. がい

❸ 来月　テストが　あります。　a. らい　b. く

❹ 今年は　もっと　日本語(にほんご)を　がんばりたいです。　a. ことし　b. こんねん

❺ ときどき　新聞を　読(よ)みます。　a. しぶん　b. しんぶん

ドリル B ＿＿の ことばは どう かきますか。えらんで ください。

1点×5

❶ ＿＿＿(らいねん) もっと　りょこうが　したいです。　a. 今年　b. 来年

❷ 駅(えき)で　＿＿＿(しんぶん)を買(か)いました。　a. 新聞　b. 新分

❸ ＿＿(こん)月は　友(とも)だちの　たんじょう日(び)が　あります。　a. 今　b. 会

❹ ＿＿(だい)学で　べんきょうして　います。　a. 太　b. 大

❺ ＿＿(しん)年の　はじめに　かぞくに　会(あ)いに　行(い)きます。　a. 先　b. 新

ドリル C いいほうを えらんで、ぜんぶ ひらがなで ＿＿に かいて ください。

1点×10

れい　きょうは（ⓐ15日　b.15月）です。　じゅうごにち

❶（a. 先月　b. 来週）、友(とも)だちと　買(か)いものに　行(い)きます。　＿＿＿＿＿＿

❷（a. 外国　b. 外国人）に　行(い)った　ことが　ありますか。　＿＿＿＿＿＿

❸（a. 今週　b. 新聞）で　国(くに)の　ニュースを　読(よ)みました。　＿＿＿＿＿＿

❹（a. 今日　b. 来年）、何時(なんじ)に　おきましたか。　＿＿＿＿＿＿

❺ あねは（a. 新聞　b. 大学生）です。　＿＿＿＿＿＿

新しい(あたら) 音読み(おんよ)②

New On-yomi ②／Cách đọc âm Hán mới ②

1	高	たか-い コウ	高い本(たかいほん) 高校(こうこう) 高校生(こうこうせい)	expensive book / quyển sách đắt high school / trường cấp 3 high school student / học sinh cấp 3	いまの 高校生(こうこうせい)は せが 高(たか)いです。	High school students these days are tall. Học sinh cấp 3 bây giờ cao lớn.
2	小	ちい-さい ショウ	小さい(ちいさい) 小学校(しょうがっこう) 小学生(しょうがくせい)	small / nhỏ elementary school / trường tiểu học elementary school student / học sinh tiểu học	小(ちい)さいですが、いい 小学校(しょうがっこう)でした。	It was a small but good elementary school. Quy mô nhỏ nhưng là ngôi trường tiểu học tốt.
3	長	なが-い チョウ	長い(ながい) 社長(しゃちょう) 校長(こうちょう)	long / dài (company) president / giám đốc school principal / hiệu trưởng	かみの 長(なが)い 女(おんな)の 人(ひと)が 社長(しゃちょう)です。	A woman with long hair is the president. Người con gái tóc dài là giám đốc
4	中	なか チュウ	かばんの中(なか) 中学校(ちゅうがっこう) 中学生(ちゅうがくせい)	inside the bag / trong cặp sách middle school / trường trung học cơ sở, cấp 2 middle school student / học sinh cấp 2	バスの 中(なか)には、たくさんの 中学生(ちゅうがくせい)が いました。	There were many middle school students inside the bus. Trong xe buýt có rất nhiều học sinh cấp 2.
5	話	はな-す ワ	話す(はなす) 電話(でんわ)	to speak / nói chuyện phone / điện thoại	きのう、かぞくと 電話(でんわ)で 話(はな)しました。	I spoke on the phone with my family yesterday. Hôm qua tôi nói chuyện điện thoại với gia đình.
6	人	ひと ジン ニン ひとり* ふたり*	あの人(ひと) 日本人(にほんじん) 何人(なんにん) 三人(さんにん) 一人(ひとり) 二人(ふたり)	that person / người kia Japanese person / người Nhật how many people / mấy người three people / 3 người one person / 1 người two people / 2 người	いろいろな 国(くに)の 人(ひと)が いますね。日本人(にほんじん)は 何人(なんにん) いますか。 →p.96「かぞえかた」	There are people from many countries, aren't there? How many Japanese people are there? Nhiều người từ các quốc gia nhỉ. Có mấy người Nhật?
7	安	やす-い アン	安い本(やすいほん) 安しん(あんしん)(する)	cheap book / quyển sách rẻ (to feel) relief / an tâm	安(やす)い ホテルですが、きれいなので、安(あん)しんしました。	It's a cheap hotel, but clean, so I was relieved. Khách sạn rẻ nhưng sạch sẽ nên tôi rất yên tâm.

ドリル A ＿＿の ことばは ひらがなで どう かきますか。ただしい よみを えらんで ください。

1点×5

❶ 友(とも)だち 三人で あそびました。 a. さにん b. さんにん

❷ 小学生の チームですが、とても つよいです。 a. しょ b. しょう

❸ 校長の しゃしんを とります。 a. こうちょう b. こうちょ

❹ 中学生 のとき、ゲームを よく して いました。 a. ちゅう b. ちょう

❺ みんなが げんきで よかったです。安しんしました。 a. あん b. やす

ドリル B ＿＿の ことばは どう かきますか。えらんで ください。

1点×5

❶ ＿＿(ちゅう)学校に じてんしゃで 行(い)きました。 a. 中 b. 小

❷ ＿＿(こう)校生の とき、レストランで アルバイトを しました。 a. 子 b. 高

❸ 日本＿＿(じん)の 友(とも)だちが できました。 a. 人 b. 入

❹ ＿＿(ひとり)で えいがを 見(み)に 行(い)きました。 a. 二人 b. 一人

❺ ＿＿(しょう)学生の とき、やさいが きらいでした。 a. 小 b. 少

ドリル C いいほうを えらんで、ぜんぶ ひらがなで ＿＿に かいて ください。

1点×10

(れい) きょうは（ⓐ15日 b.15月）です。 じゅうごにち

❶ 今日(きょう)（a. 会社 b. 社長）は 午後(ごご)に 来(き)ます。 ＿＿＿＿

❷ ここは まちで いちばん 大(おお)きい（a. 小学生 b. 高校）です。 ＿＿＿＿

❸ 友(とも)だちと 一時間(じかん) ぐらい（a. 電話 b. 高校）しました。 ＿＿＿＿

❹（a. 二人 b. 校長）で しゃしんを とりませんか。 ＿＿＿＿

❺ わたしは この（a. 電話 b. 小学校）に 行(い)きました。 ＿＿＿＿

UNIT 5
3

新しい 訓読み
あたら くんよ

New Kun-yomi／Cách đọc âm Nhật mới

／20

No.	Kanji	Readings	Word (reading)	Meaning	Example sentence	Translation
1	入	い-れる い-る **はい-る**	入れる (い) 入口 (いりぐち) 入る (はい)	to put inside / cho vào entrance / cửa vào enter / vào	この **入**口(いりぐち)から **入**(はい)ります。	Enter from this entrance. Vào từ cửa ra vào này.
2	後	あと ゴ **うし-ろ**	後で (あと) 午後 (ごご) 後ろの人 (うし ひと)	later / để sau PM; the afternoon / buổi chiều the person behind / người ở đằng sau	**後**(あと)で **後**(うし)ろの 人(ひと)に 聞(き)きました。	I asked the person behind me later. Sau đó, tôi đã hỏi người ở đằng sau.
3	先	セン **さき**	先生 (せんせい) 先に (さき)	teacher / giáo viên first; before / trước	**先**生(せんせい)、**先**(さき)に 行(い)って ください。	Teacher, you go ahead. Thầy đi trước đi ạ.
4	出	で-る **だ-す**	出る (で) 出す (だ)	to exit; to attend / ra put out; submit / lôi ra	きょうしつを **出**(で)る 前(まえ)に、これを 書(か)いて **出**(だ)して ください。	Please write this and submit it before leaving the classroom. Trước khi ra khỏi lớp học hay viết và nộp cái này.
5	時	ジ **とき**	２時 (じ) 学生の時 (がくせい とき)	two o'clock / 2 giờ (time) as a student / thời học sinh	学生(がくせい)の **時**(とき)は、毎日(まいにち) ５**時**間(じかん) べんきょうしました。	As a student, I studied for five hours each day. Hồi học sinh, hàng ngày tôi học 5 tiếng.
6	話	はな-す **はなし**	話す (はな) たのしい話 (はなし)	to speak / nói chuyện enjoyable discussion / câu chuyện vui	りょこうの **話**(はなし)を 聞(き)きたいです。もっと **話**(はな)して ください。	I'd like to hear about the trip. Please tell me more. Tôi muốn nghe chuyện đi du lịch. Hãy kể nữa đi ạ.
7	年	ネン **とし**	来年 (らいねん) 新しい年 (あたら とし)	next year / sang năm new year / năm mới	来**年**(らいねん)は どんな **年**(とし)に なるだろう。	I wonder what kind of year next year will be. Sang năm không biết sẽ là năm như thế nào nhỉ.

ドリル A ＿＿の ことばは ひらがなで どう かきますか。ただしい よみを えらんで ください。

1点×5

❶ この　ドアから　入って　ください。　a. はい　b. い

❷ 後ろを　見て　ください。　a. ご　b. うし

❸ 先に　行きます。　a. せん　b. さき

❹ しゅくだいを　出して　ください。　a. だ　b. で

❺ 新しい　年に　なりました。　a. ねん　b. とし

ドリル B ＿＿の ことばは どう かきますか。えらんで ください。

1点×5

❶ 子どもの　＿＿（とき）、アニメを　よく　見ました。　a. 間　b. 時

❷ お＿＿（さき）に　どうぞ。　a. 前　b. 先

❸ ゆっくり　＿＿＿＿（はなして）　ください。　a. 話して　b. 話て

❹ ここに　＿＿（はい）らないで　ください。　a. 人　b. 入

❺ ＿＿（うし）ろから　車が　来ます。　a. 後　b. 先

ドリル C いいほうを えらんで、ぜんぶ ひらがなで ＿＿に かいて ください。

1点×10

れい　きょうは（ⓐ15日　b.15月）です。　じゅうごにち

❶ 学生の　（a. 時　b. 年）、たくさん　べんきょうしました。　＿＿＿＿＿＿

❷ 9時ごろ　おふろに　（a. 出　b. 入り）ます。　＿＿＿＿＿＿

❸ わたしの　（a. 後ろ　b. 午後）の　人は　だれですか。　＿＿＿＿＿＿

❹ かばんから　さいふを　（a. 話し　b. 出し）ました。　＿＿＿＿＿＿

❺ 先生の　（a. 話　b. 時）を　よく　聞いて　ください。　＿＿＿＿＿＿

まとめもんだい A

／20

もんだい 1　＿＿＿の　ことばは　ひらがなで　どう　かきますか。ひとつ　えらんで　ください。

（1点× 10）

1　今日は　あついです。

1　きょう　　2　きのう　　3　あした　　4　いま

2　後ろを　見ないで　ください。

1　あと　　2　ご　　3　こう　　4　うし

3　ここは　社長の　へやです。

1　しゃちゅう　　2　しゃちょう

3　しゃっちょ　　4　しゃっちゅ

4　しゅくだいを　出して　ください。

1　か　　2　で　　3　だ　　4　わた

5　おもしろい　話を　聞きました。

1　はな　　2　ばな　　3　ばなし　　4　はなし

6　せいとは　何人　いますか。

1　なにん　　2　なにひと　　3　なんにん　　4　なんじん

7　よるは　電話を　しないで　ください。

1　でんは　　2　でんわ　　3　でんぱ　　4　でんき

8　あの　かいしゃに　入りたいです。

1　い　　2　ひと　　3　にん　　4　はい

9　ここは　むかし　小学校でした。

1　しょうがっこう　　2　ちゅうがっこう

3　しょがっこう　　4　ちゅがっこう

10 ともだちは　先に　かえりました。

1　せん　　2　さん　　3　さき　　4　せき

もんだい2　＿＿＿の　ことばを　どう　かきますか。ひとつ　えらんで　ください。

（1点×10）

1 らいしゅうは　ひまです。

1　来日　　2　行日　　3　来週　　4　行週

2 つぎの　サッカーの　しあいに　でます。

1　手　　2　出　　3　山　　4　立

3 こんげつから　アルバイトを　はじめました。

1　九月　　2　先月　　3　五月　　4　今月

4 しゃちょうは　日本じんです。

1　人　　2　新　　3　安　　4　時

5 あれは　ゆうめいな　だいがくです。

1　犬学　　2　犬字　　3　大字　　4　大学

6 こどもの　とき、よく　ここで　あそびました。

1　年　　2　時　　3　後　　4　月

7 あるいて　ちゅう学校に　行きました。

1　小　　2　中　　3　大　　4　半

8 しんぶんは　あそこに　あります。

1　新聞　　2　親間　　3　新間　　4　新間

9 きょうは　としょかんに　いきます。

1　今月　　2　今年　　3　今日　　4　今回

10 かぞくが　げんきで、あんしんしました。

1　杏　　2　安　　3　気　　4　間

まとめもんだい B

／10

もんだい１（よみ） ＿＿＿の　ことばは　ひらがなで　どう　かきますか。

①先週、　サッカーの　しあいが　ありました。　わたしは　②小学校から　③高校まで　サッカーを　していましたから、　今も　だいすきです。④五万人が　しあいを　見に　きました。⑤外国からも　たくさん　人が　きました。

①	②	③
④	⑤	

もんだい２（かき） ＿＿＿の　ことばは　かんじで　どう　かきますか。えらんで　ください。

①しんねんになって　はじめて　がっこうに　行きました。②こうちょうせんせいの　③はなしは　おもしろかったです。④らいねんは　⑤だいがくに　はいりたいですから、　ことしは　たくさん　べんきょうします。

a. 社長　b. 校長　c. 新年　d. 今年　e. 先年
f. 来年　g. 話　h. 語　i. 天学　j. 大学

①	②	③	④	⑤

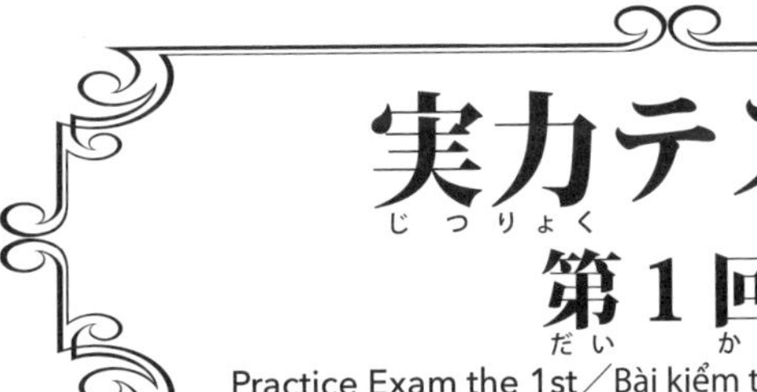

実力テスト 第1回

Practice Exam the 1st／Bài kiểm tra thực lực lần thứ nhất

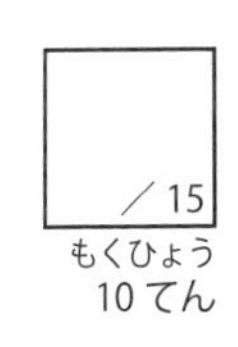

／15

もくひょう 10てん

もんだい1　＿＿＿の　ことばは　ひらがなで　どう　かきますか。1・2・3・4から　いちばん　いい　ものを　ひとつ　えらんで　ください。

1 今月は　たくさん　はたらきました。

1　こんがつ　　2　こんげつ
3　せんがつ　　4　せんげつ

2 水よう日は　どうですか。

1　もくようび　　2　かようび
3　すいようび　　4　きんようび

3 ぎんこうの　前で　まって　います。

1　なか　　2　そと　　3　まえ　　4　うえ

4 きれいな　空ですね。

1　かわ　　2　はな　　3　やま　　4　そら

5 きのう、何人　きましたか。

1　なにん　　2　なににん
3　なんにん　　4　なんじん

6 ビルの　名前を　わすれました。

1　じゅうしょ　　2　なまえ
3　ところ　　4　でんわ

7 入口は　どこですか。

1　いりぐち　　2　でくち
3　いぐち　　4　でぐち

8 白い　ぼうしを　もって　います。

1　あかい　　2　あおい　　3　くろい　　4　しろい

9 ときどき　へやで　えを　書きます。

1　きき　　2　いき　　3　かき　　4　おき

もんだい２　＿＿＿の　ことばは　どう　かきますか。１・２・３・４から　いちばん　いい　ものを　ひとつ　えらんで　ください。

10 スーパーで　やさいを　かいます。

１　貝　　２　買　　３　見　　４　目

11 あねは　がっこうの　せんせいです。

１　学高　　２　字高　　３　字校　　４　学校

12 ６じはんに　おきました。

１　十　　２　半　　３　中　　４　下

13 うちから　かいしゃまで　あるきます。

１　会社　　２　今仕　　３　今社　　４　会仕

14 ケンさんは　あそこで　はなしています。

１　話て　　２　語して　　３　語て　　４　話して

15 あの　ひとは　わたしの　せんせいです。

１　生先　　２　先年　　３　先生　　４　年生

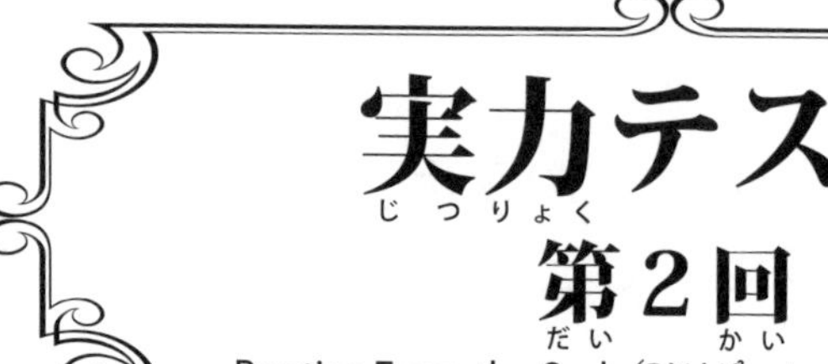

実力テスト 第2回

Practice Exam the 2nd／Bài kiểm tra thực lực lần thứ 2

／15

もくひょう 10てん

もんだい1　＿＿＿の　ことばは　ひらがなで　どう　かきますか。1・2・3・4から　いちばん　いい　ものを　ひとつ　えらんで　ください。

1 きょうは　雨ですね。

1　あめ　　2　ゆき　　3　はれ　　4　かぜ

2 あした、国に　かえります。

1　へや　　2　うち　　3　くに　　4　いえ

3 あの　ホテルは　古いです。

1　ふろい　　2　ふるい　　3　ひろい　　4　びろい

4 だれかが　まえに　立って　います。

1　まって　　2　あって　　3　とって　　4　たって

5 一人で　れんしゅうします。

1　いちど　　2　ふたり　　3　ひとり　　4　いちにち

6 いつ　ここに　来ましたか。

1　き　　2　こ　　3　いき　　4　で

7 社長に　でんわします。

1　てんちょう　　2　しゃちょう
3　こうちょう　　4　がくちょう

8 せんせいが　言いました。

1　あい　　2　いい　　3　かい　　4　つかい

9 テストの　時間を　おしえて　ください。

1　ところ　　2　じけん　　3　ようび　　4　じかん

もんだい2 ＿＿＿の ことばは どう かきますか。1・2・3・4から いちばん いい ものを ひとつ えらんで ください。

10 バスは 20ぷんに きます。

1 今　2 令　3 分　4 会

11 えいがを みに いきませんか。

1 見　2 目　3 貝　4 買

12 もくようびは ちょっと いそがしいです。

1 水　2 火　3 禾　4 木

13 あたらしい くつが ほしいです。

1 新い　2 新しい
3 新らしい　4 新たらしい

14 せんしゅう、テストが ありました。

1 今週　2 来週　3 前週　4 先週

15 ここまで でんしゃで きました。

1 電束　2 電車　3 雷束　4 雷車

すうじと かぞえ方(かた)

Numbers and ways of counting／Chữ số và cách đếm

すうじ Numbers／Con số

			100 ～		1,000 ～	
1	一	いち	百	ひゃく	千	せん
2	二	に	二百	にひゃく	二千	にせん
3	三	さん	三百	さんびゃく	三千	さんぜん
4	四	し／よん	四百	よんひゃく	四千	よんせん
5	五	ご	五百	ごひゃく	五千	ごせん
6	六	ろく	六百	ろっぴゃく	六千	ろくせん
7	七	しち／なな	七百	ななひゃく	七千	ななせん
8	八	はち	八百	はっぴゃく	八千	はっせん
9	九	きゅう／く	九百	きゅうひゃく	九千	きゅうせん
10	十	じゅう				

	10,000 ～		100,000 ～	
1	一万	いちまん	十万	じゅうまん
2	二万	にまん	二十万	にじゅうまん
3	三万	さんまん	三十万	さんじゅうまん
4	四万	よんまん	四十万	よんじゅうまん
5	五万	ごまん	五十万	ごじゅうまん
6	六万	ろくまん	六十万	ろくじゅうまん
7	七万	ななまん	七十万	ななじゅうまん
8	八万	はちまん	八十万	はちじゅうまん
9	九万	きゅうまん	九十万	きゅうじゅうまん
10			百万	ひゃくまん

かぞえ方 How to count／Làm sao để đếm

～つ	
一つ	ひとつ
二つ	ふたつ
三つ	みっつ
四つ	よっつ
五つ	いつつ
六つ	むっつ
七つ	ななつ
八つ	やっつ
九つ	ここのつ
十	とお

～人	
一人	ひとり
二人	ふたり
三人	さんにん
四人	よにん
五人	ごにん
六人	ろくにん
七人	ななにん／しちにん
八人	はちにん
九人	きゅうにん
十人	じゅうにん

～さい	
一さい	いっさい
二さい	にさい
三さい	さんさい
四さい	よんさい
五さい	ごさい
六さい	ろくさい
七さい	ななさい
八さい	はっさい
九さい	きゅうさい
十さい	じゅっさい／じっさい

～年	
一年	いちねん
二年	にねん
三年	さんねん
四年	よねん
五年	ごねん
六年	ろくねん
七年	ななねん／しちねん
八年	はちねん
九年	きゅうねん／くねん
十年	じゅうねん

～本	
一本	いっぽん
二本	にほん
三本	さんぼん
四本	よんほん
五本	ごほん
六本	ろっぽん
七本	ななほん
八本	はちほん／はっぽん
九本	きゅうほん
十本	じゅっぽん／じっぽん

～時	
一時	いちじ
二時	にじ
三時	さんじ
四時	よじ
五時	ごじ
六時	ろくじ
七時	しちじ
八時	はちじ
九時	くじ
十時	じゅうじ
十一時	じゅういちじ
十二時	じゅうにじ

～分	
一分	いっぷん
二分	にふん
三分	さんぷん
四分	よんぷん
五分	ごふん
六分	ろっぷん
七分	ななふん
八分	はちふん／はっぷん
九分	きゅうふん
十分	じゅっぷん／じっぷん

～月	
一月	いちがつ
二月	にがつ
三月	さんがつ
四月	しがつ
五月	ごがつ
六月	ろくがつ
七月	しちがつ
八月	はちがつ
九月	くがつ
十月	じゅうがつ
十一月	じゅういちがつ
十二月	じゅうにがつ

～日	
一日	ついたち
二日	ふつか
三日	みっか
四日	よっか
五日	いつか
六日	むいか
七日	なのか
八日	ようか
九日	ここのか
十日	とおか
二十日	はつか
二十四日	にじゅうよっか

～週間	
一週間	いっしゅうかん
二週間	にしゅうかん
三週間	さんしゅうかん
四週間	よんしゅうかん
五週間	ごしゅうかん
六週間	ろくしゅうかん
七週間	ななしゅうかん
八週間	はっしゅうかん
九週間	きゅうしゅうかん
十週間	じゅっしゅうかん／じっしゅうかん

「漢字の 読み方」ふくしゅう ドリル

"Kanji Readings" review drill／Bài luyện tập "Cách đọc chữ Hán"

ステップ1 かんじの 読みかたを れんしゅうしましょう。つぎの リストの みぎの ことばを よみます。おとを 聞きながら、おなじ ように 言って ください。

Practice kanji readings. The words on the right of the following list will be read. Listen to the audio while repeating what is said.
Hãy luyện tập cách đọc chữ Hán. Đọc từ bên phải của danh sách tiếp theo . Vừa nghe vừa lặp lại.

➡「音声ダウンロードのご案内」は巻末の別冊の前にあります。

"Audio download information" is located at the end of the book, before the separate volume./ Phần "Thông tin tải âm thanh" nằm ở cuối sách, trước tập riêng.

UNIT 1-1 1しゅうかん 01

	漢字	読み	ことば
1	日	ひ	休みの日
		び	たんじょう日
		か	三日前
		ニチ	日よう日
			毎日
2	月	つき	毎月
		ゲツ	月よう日
			今月
			来月
		ガツ	四月
			しょう月
3	火	ひ	火
		カ	火よう日
4	水	みず	水
		スイ	水よう日
5	木	き	木
		モク	木よう日
6	金	かね	お金
			金もち
		キン	金よう日
7	土	ド	土よう日

UNIT1-2 すうじ① 02

	漢字	読み	ことば
1	一	ひと-つ	一つ
		イチ	一年
			一年生
		ついたち*	一日
2	二	ふた-つ	二つ
			二日
		ニ	二月
		はつか*	20日
3	三	みっ-つ	三つ
			三日
		サン	三時
			三人
4	四	よん	四さい
		よっ-つ	四つ
		よ	四人
		シ	四月
5	五	いつ-つ	五つ
		いつ	五日
		ゴ	五人
6	六	むっ-つ	六つ
		むい	六日
		ロク	六月
			六さい
7	七	なな-つ	七つ
		なの	七日
		シチ	七

UNIT1-3 すうじ② 03

	漢字	読み	ことば
1	八	やっ-つ	八つ
		よう	八日
		ハチ	八時
			八人
			八さい
2	九	ここの-つ	九つ
		ここの	九日
		キュウ	九
		ク	九時
3	十	とお	十日
		ジュウ	十人
			十一
			二十

4	百	ヒャク	百年
		ビャク	三百
		ピャク	六百
5	千	セン	千
			三千
6	万	マン	一万
			十万
7	円	エン	100円

UNIT1-4 ひと 04

1	人	ひと	あの人
			おんなの人
			たくさんの人
2	男	おとこ	男の人
3	女	おんな	女の人
4	父	ちち	父
			お父さん
5	母	はは	母
			お母さん
6	子	こ	子ども
			子どもたち
			女の子
			男の子
7	友	とも	友だち

UNIT2-1 時間① 05

1	時	ジ	1時
			何時
2	間	あいだ	駅と学校の間
			ふゆの間
		カン	時間
			1時間
			二日間
3	午	ゴ	午前
4	前	まえ	2時間前
			ビルの前
		ゼン	午前
5	後	あと	後で
		ゴ	午後
			1時間後

6	半	ハン	9時半
			1時間半

UNIT2-2 時間② 06

1	今	いま	今
			今から
			今まで
2	何	なに	何を 食べますか
		なん	何よう日
			何日
			何時
3	年	ネン	一年生
			2000年
			来年
4	週	シュウ	今週
			来週
			先週
			一週間
5	分	わ-かる	分かる
		ブン	半分
		フン	5分
			6分
		プン	10分間
			何分
6	毎	マイ	毎日
			毎週
			毎月
			毎年

UNIT2-3 ばしょ① 07

1	上	うえ	つくえの上
2	下	した	つくえの下
			下に行く
3	中	なか	かばんの中
4	外	そと	うちの外
			外に出る
5	右	みぎ	右にまがる
			右手
			右にある
6	左	ひだり	左にまがる
			左手
			左の人

UNIT2-4 ばしょ② 08

	漢字	読み	ことば
1	東	ひがし	東
			東口
2	西	にし	西
			西口
3	北	きた	北
			北口
4	南	みなみ	南
			南口
5	国	くに	国にかえる
6	同	おな-じ	同じ

UNIT3-1 山・川・空 09

	漢字	読み	ことば
1	山	やま	山にのぼる
2	川	かわ	川をわたる
3	魚	さかな	小さい魚
4	空	そら	あおい空
5	天	テン	天気
6	気	キ	気もち
			げん気(な)
			びょう気
7	雨	あめ	雨がふる

UNIT3-2 まち① 10

	漢字	読み	ことば
1	店	みせ	店に入る
2	花	はな	きれいな花
3	会	あ-う	会う
		カイ	たんじょう日会
4	社	シャ	会社
			会社いん
5	休	やす-む	休みの日
			昼休み
			なつ休み
			休みます

UNIT3-3 まち② 11

	漢字	読み	ことば
1	道	みち	ひろい道
2	駅	えき	とうきょう駅
3	電	デン	電気
			電話
4	車	くるま	車
		シャ	電車
			じてん車
5	多	おお-い	多い
6	少	すく-ない	少ない

UNIT3-4 学校 12

	漢字	読み	ことば
1	学	ガク	大学
		ガッ	学校
2	校	コウ	学校
			高校
3	先	セン	先週
			先月
4	生	セイ	学生
			先生
5	本	ホン	本
			日本
			えんぴつ２本
		ポン	バナナ１本
		ボン	ビール３本
6	語	ゴ	日本語
			えい語
7	名	な	名前

UNIT4-1 からだ 13

	漢字	読み	ことば
1	目	め	目
			一つ目の駅
2	耳	みみ	耳
3	口	くち	口
4	手	て	右手
			左手
5	足	あし	足
6	大	おお-きい	大きい
7	小	ちい-さい	小さい
		ショウ	小学校
			小学生

UNIT4-2 どんな？ 14

	漢字	読み	ことば
1	高	たか-い	高い
2	安	やす-い	安い

3	白	しろ	白とくろ
		しろ-い	白い
4	新	あたら-しい	新しい
5	古	ふる-い	古い
6	長	なが-い	長い

UNIT4-3　すること①　15

1	行	い-く	行く
2	来	く-る	来る
3	入	い-れる	入れる
		い-る	入口
4	出	で-る	出る
			出口
5	立	た-つ	立つ
6	見	み-る	見る
	買	か-う	買う
			買いもの

UNIT4-4　すること②　16

1	食	た-べる	食べる
			食べもの
2	飲	の-む	飲む
			飲みもの
3	言	い-う	言う
4	話	はな-す	話す
		ワ	電話
5	聞	き-く	聞く
6	読	よ-む	読む
			読みかた
7	書	か-く	書く
			書きかた

UNIT5-1　新しい音読み①　17

1	新	シン	新年
2	今	コン	今週
			今月
		きょう*	今日
		ことし*	今年
3	大	ダイ	大学
			大学生
4	聞	ブン	新聞
5	来	ライ	来週
			来月
			来年
6	外	ガイ	外国
			外国人

UNIT5-2　新しい音読み②　18

1	高	コウ	高校
			高校生
2	小	ショウ	小学校
			小学生
3	長	チョウ	社長
			校長
4	中	チュウ	中学校
			中学生
5	話	ワ	電話
6	人	ジン	日本人
		ニン	何人
			三人
		ひとり*	一人
		ふたり*	二人
7	安	アン	安しん(する)

UNIT5-3　新しい訓読み　19

1	入	はい-る	入る
2	後	うし-ろ	後ろの人
3	先	さき	先に
4	出	だ-す	出す
5	時	とき	学生の時
6	話	はなし	たのしい話
7	年	とし	新しい年

ステップ2 つぎの＿＿＿は どう 読(よ)みますか。みぎの＿＿＿に こたえを 書(か)きましょう。こたえを 書(か)いたら、おとを 聞(き)いて こたえあわせを しましょう。

How is the following ___ read? Write the answer in the ___ to the right. Once you write the answer, listen and check if you were correct.
___ tiếp theo đọc như thế nào? Hãy viết cây trả lời vào bên phải ___. Viết câu trả lời xong hãy nghe để so đáp án.

● れんしゅう 1 🔊20

① いそがしい日 ＿＿＿＿
② 15日 ＿＿＿＿
③ 月のはじめ ＿＿＿＿
④ 先月 ＿＿＿＿
⑤ 12月 ＿＿＿＿
⑥ たばこの火 ＿＿＿＿
⑦ つめたい水 ＿＿＿＿
⑧ さくらの木 ＿＿＿＿
⑨ お金 ＿＿＿＿
⑩ 今週の土よう日 ＿＿＿＿
⑪ 四つ ＿＿＿＿
⑫ 四年 ＿＿＿＿
⑬ 四月四日 ＿＿＿＿
⑭ 五つ ＿＿＿＿
⑮ 五年 ＿＿＿＿
⑯ 五月五日 ＿＿＿＿
⑰ 六つ ＿＿＿＿
⑱ 六年 ＿＿＿＿
⑲ 六月六日 ＿＿＿＿
⑳ 七つ ＿＿＿＿
㉑ 七年 ＿＿＿＿
㉒ 七月七日 ＿＿＿＿

● れんしゅう 2 🔊21

① 一つ ＿＿＿＿
② 一人 ＿＿＿＿
③ 一月一日 ＿＿＿＿
④ 一年 ＿＿＿＿
⑤ 二つ ＿＿＿＿
⑥ 二人 ＿＿＿＿
⑦ 二月二日 ＿＿＿＿
⑧ 三つ ＿＿＿＿
⑨ 三人 ＿＿＿＿
⑩ 三月三日 ＿＿＿＿

● れんしゅう 3 🔊22

① 八つ ＿＿＿＿
② 八年 ＿＿＿＿
③ 八月八日 ＿＿＿＿
④ 九つ ＿＿＿＿
⑤ 九年 ＿＿＿＿
⑥ 九月九日 ＿＿＿＿
⑦ 十年 ＿＿＿＿
⑧ 十月十日 ＿＿＿＿
⑨ 百年 ＿＿＿＿
⑩ 二百年 ＿＿＿＿
⑪ 三百年 ＿＿＿＿
⑫ 四百年 ＿＿＿＿
⑬ 五百年 ＿＿＿＿

⑭ 六百年 ＿＿＿＿＿＿

⑮ 七百年 ＿＿＿＿＿＿

⑯ 八百年 ＿＿＿＿＿＿

⑰ 九百年 ＿＿＿＿＿＿

⑱ 千人 ＿＿＿＿＿＿

⑲ 二千人 ＿＿＿＿＿＿

⑳ 三千人 ＿＿＿＿＿＿

㉑ 四千人 ＿＿＿＿＿＿

㉒ 五千人 ＿＿＿＿＿＿

㉓ 六千人 ＿＿＿＿＿＿

㉔ 七千人 ＿＿＿＿＿＿

㉕ 八千人 ＿＿＿＿＿＿

㉖ 九千人 ＿＿＿＿＿＿

㉗ 一万円 ＿＿＿＿＿＿

㉘ 二万円 ＿＿＿＿＿＿

㉙ 三万円 ＿＿＿＿＿＿

㉚ 四万円 ＿＿＿＿＿＿

㉛ 五万円 ＿＿＿＿＿＿

㉜ 六万円 ＿＿＿＿＿＿

㉝ 七万円 ＿＿＿＿＿＿

㉞ 八万円 ＿＿＿＿＿＿

㉟ 九万円 ＿＿＿＿＿＿

● れんしゅう 4　23

① となりの人 ＿＿＿＿＿＿

② 男の人 ＿＿＿＿＿＿

③ 女の人 ＿＿＿＿＿＿

④ 母の日 ＿＿＿＿＿＿

⑤ 父の会社 ＿＿＿＿＿＿

⑥ 友だちのたんじょう日 ＿＿＿＿＿＿

＿＿＿＿＿＿

● れんしゅう 5　24

① 一時 ＿＿＿＿＿＿

② 二時 ＿＿＿＿＿＿

③ 三時 ＿＿＿＿＿＿

④ 四時 ＿＿＿＿＿＿

⑤ 五時 ＿＿＿＿＿＿

⑥ 六時 ＿＿＿＿＿＿

⑦ 七時 ＿＿＿＿＿＿

⑧ 八時 ＿＿＿＿＿＿

⑨ 九時 ＿＿＿＿＿＿

⑩ 十時 ＿＿＿＿＿＿

⑪ 十一時 ＿＿＿＿＿＿

⑫ 十二時 ＿＿＿＿＿＿

⑬ テレビと本だなの間 ＿＿＿＿＿＿

⑭ ドアの前におく ＿＿＿＿＿＿

⑮ 後でする ＿＿＿＿＿＿

⑯ 五時間 ＿＿＿＿＿＿

⑰ 二日間 ＿＿＿＿＿＿

⑱ 三日間 ＿＿＿＿＿＿

⑲ 四日間 ＿＿＿＿＿＿

⑳ 五日間 ＿＿＿＿＿＿

㉑ 六日間 ＿＿＿＿＿＿

㉒ 七日間 ＿＿＿＿

㉓ 八日間 ＿＿＿＿

㉔ 九日間 ＿＿＿＿

㉕ 十日間 ＿＿＿＿

㉖ 午前九時 ＿＿＿＿

㉗ 午後七時 ＿＿＿＿

㉘ 午後四時半 ＿＿＿＿

㉙ 三日前 ＿＿＿＿

㉚ 二日後 ＿＿＿＿

㉛ 一週間休む ＿＿＿＿

㉜ 一年半すむ ＿＿＿＿

● れんしゅう 6 25

① 今、どこにいますか。 ＿＿＿＿

② 今、何時ですか。 ＿＿＿＿

③ なまえは何ですか。 ＿＿＿＿

④ 今日は何日ですか。 ＿＿＿＿

⑤ それは何月ですか。 ＿＿＿＿

⑥ それは何年ですか。 ＿＿＿＿

⑦ かぞくは何人ですか。 ＿＿＿＿

⑧ 何時何分ですか。 ＿＿＿＿

⑨ 二年生 ＿＿＿＿

⑩ 来年 ＿＿＿＿

⑪ 四年前 ＿＿＿＿

⑫ 十年後 ＿＿＿＿

⑬ 来週 ＿＿＿＿

⑭ 先週 ＿＿＿＿

⑮ 一時一分 ＿＿＿＿

⑯ 二時二分 ＿＿＿＿

⑰ 三時三分 ＿＿＿＿

⑱ 四時四分 ＿＿＿＿

⑲ 五時五分 ＿＿＿＿

⑳ 六時六分 ＿＿＿＿

㉑ 七時七分 ＿＿＿＿

㉒ 八時八分 ＿＿＿＿

㉓ 九時九分 ＿＿＿＿

㉔ 十時十分 ＿＿＿＿

㉕ 三分間 ＿＿＿＿

㉖ 毎日 五分 ＿＿＿＿ ＿＿＿＿

㉗ 毎週 土よう日 ＿＿＿＿ ＿＿＿＿

● れんしゅう 7 26

① テーブルの上 ＿＿＿＿

② 車の下 ＿＿＿＿

③ へやの中 ＿＿＿＿

④ いえの外 ＿＿＿＿

⑤ 右にまがる ＿＿＿＿

⑥ 左にまがる ＿＿＿＿

⑦ 日本の南 ＿＿＿＿

⑧ ふじ山の西 ＿＿＿＿

⑨ きょうとの北 ＿＿＿＿

⑩ とうきょうの東 ＿＿＿＿

⑪ 同じ国の人 ＿＿＿＿ ＿＿＿＿

● れんしゅう 8 27

① 山の中をあるく

② 川であそぶ

③ 魚を食べる

④ 西の空

⑤ あしたの天気

⑥ 雨の日

⑦ 新しい店

⑧ 白い花

⑨ 友だちに会う

⑩ 日本の会社

⑪ かぜで休む

⑫ とうきょう駅

⑬ 駅から学校までの道

⑭ 電話で話す

⑮ 車で 30 分

⑯ 電車にのる

⑰ 人が多い

⑱ 店が少ない

● れんしゅう 9 28

① 学生

② 先生

③ りょうりの学校

④ 先月

⑤ 先週

⑥ 本を読む

⑦ かさ１本

⑧ ペン２本

⑨ えんぴつ３本

⑩ 日本語学校

⑪ 同じ名前

● れんしゅう 10 29

① 目がいたい

② 右の耳

③ 口をあける

④ 駅の北口

⑤ あかちゃんの手

⑥ 大きい足

⑦ 小学生

⑧ 高いふく

⑨ 安い店

⑩ 白いいぬ

⑪ 新しいくつ

⑫ 古いたてもの

⑬ 長いスカート

● れんしゅう 11 30

① パーティーに行く

② 日本に来る

③ かばんに入れる

④ えいがかんの入口

⑤ 会社を出る

⑥ 出口でまつ

⑦ ドアの前に立つ

⑧ えいがを見る

⑨ 本を買う

⑩ 買いものに行く

⑪ カレーを食べる

⑫ 水を飲む

⑬ おやに言う

⑭ 日本語で話す

⑮ 友だちに聞く

⑯ 本を読む

⑰ 名前を書く

● れんしゅう 12 31

① 新年のあいさつ

② 今週の金よう日

③ 今月の天気

④ 今日のゆうがた

⑤ 今年のなつ

⑥ 大学に行く

⑦ 新聞を読む

⑧ 来週のテスト

⑨ 来月のカレンダー

⑩ 来年の二月

⑪ 外に出る

⑫ 外国のえいが

⑬ 外国人

● れんしゅう 13 32

① 小学校

② 中学校

③ 高校

④ 小学生

⑤ 中学生

⑥ 高校生

⑦ 大学生

⑧ 校長

⑨ 社長

⑩ 日本人の友だち

⑪ 何人ですか

⑫ 一人

⑬ 二人

⑭ 三人

● れんしゅう 14 33

① 店に入る

② 後で電話する

③ 後ろの人

④ 先に行く

⑤ かばんからさいふを
出す

⑥ 子どもの時

⑦ おもしろい話

⑧ 毎年国にかえる

単語(たんご)さくいん

Word index
Chỉ số từ vựng

単語(たんご)……… ユニット-課(か)-番号(ばんごう)

※あいうえお順(じゅん)

漢字さくいん
かんじ

Kanji index
Chỉ số Kanji

読み　漢字…ユニット - 課 - 番号

※あいうえお順

た・ち・つ・て・と

な・に・ぬ・ね・の

は・ひ・ふ・ほ

ま・み・む・め・も

や・ゆ・よ

ら・ろ

わ

● 著者

倉品 さやか（くらしな さやか）

筑波大学日本語・日本文化学類卒業、広島大学大学院日本語教育学修士課程修了。スロベニア・リュブリャーナ大学、福山 YMCA 国際ビジネス専門学校、仙台イングリッシュセンターで日本語講師を務めた後、現在は国際大学言語教育研究センター准教授。

本文レイアウト・DTP	オッコの木スタジオ
カバーデザイン	花本浩一
本文イラスト	はやし・ひろ／おのみさ
翻訳	Alex Ko Ransom ／ Nguyen Van Anh
協力	黒岩しづ可
漢字ポスター レイアウト・DTP	TOMO
漢字ポスター 編集・イラスト	山口晴代
録音・編集	一般財団法人 英語教育協議会（ELEC）

本書へのご意見・ご感想は下記 URL までお寄せください。
https://www.jresearch.co.jp/contact/

日本語能力試験問題集 N５漢字スピードマスター

令和 6 年（2024 年） 6月 10 日 初版第 1 刷発行

著　者　倉品さやか
発行人　福田富与
発行所　有限会社Ｊリサーチ出版
〒 166-0002 東京都杉並区高円寺北 2-29-14-705
電　話　03(6808)8801（代） FAX 03(5364)5310
編集部　03(6808)8806
https://www.jresearch.co.jp
𝕏（旧 twitter）公式アカウント @ Jresearch_
https://twitter.com/Jresearch_
印刷所　株式会社シナノ パブリッシング プレス

ISBN 978-4-86392-620-2

音声(おんせい)ダウンロードのご案内

STEP 1 商品ページにアクセス！方法は次の３通り！

- QR コードを読み取ってアクセス。
- https://www.jresearch.co.jp/book/b645543.html を入力してアクセス。
- Ｊリサーチ出版のホームページ（https://www.jresearch.co. jp/）にアクセスして、「キーワード」に書籍名を入れて検索。

STEP 2 ページ内にある「音声ダウンロード」ボタンをクリック！

STEP 3 ユーザー名「1001」、パスワード「26202」を入力！

STEP 4 音声の利用方法は２通り！学習スタイルに合わせた方法でお聴きください！

- 「音声ファイル一括ダウンロード」より、ファイルをダウンロードして聴く。
- 「▶」ボタンを押して、その場で再生して聴く。

※ダウンロードした音声ファイルは、パソコン・スマートフォンなどでお聴きいただくことができます。一括ダウンロードの音声ファイルは .zip 形式で圧縮してあります。解凍してご利用ください。ファイルの解凍が上手く出来ない場合は、直接の音声再生も可能です。

● 音声ダウンロードについてのお問合せ先 ●

toiawase@jresearch.co.jp

（受付時間：平日９時～ 18 時）

How to Download Voice Data

STEP 1 **Visit the website for this product!**
This can be done in three ways.

- Scan this QR code to visit the page.
- Visit https://www.jresearch.co.jp/book/b645543.html
- Visit J Research's website (https://www.jresearch.co.jp/), enter the title of the book in "Keyword," and search for it.

STEP 2 **Click the「音声ダウンロード」(Voice Data Download) button the page!**

STEP 3 **Enter the username "1001" and the password "26202"!**

STEP 4 **Use the voice data in two ways!**
Listen in the way that best matches your learning style!

- Download voice files using the "Download All Voice Files" link, then listen to them.
- Press the ▶ button to listen to the voice data on the spot.

* Downloaded voice files can be listened to on computers, smartphones, and so on. The download of all voice files is compressed in .zip format. Please extract the files from this archive before using them. If you are unable to extract the files properly, they can also be played directly.

For inquiries regarding voice file downloads, please contact :
toiawase@jresearch.co.jp (Business hours: 9 AM - 6 PM on weekdays)

HƯỚNG DẪN TẢI FILE ÂM THANH

STEP 1 **Có 3 bước để tải như sau!**

- Đọc mã QR để kết nói.
- Kết nối tại địa chỉ mạng https://www.jresearch.co.jp/book/b645543.html.
- Vào trang chủ của NXB J-Research rồi tìm kiếm bằng tên sách tại mục キーワード.

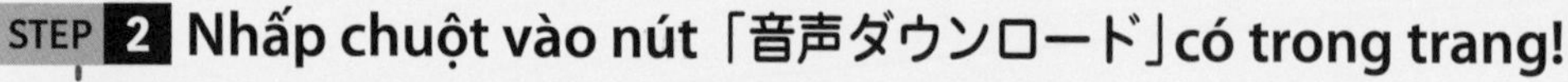

STEP 2 **Nhấp chuột vào nút「音声ダウンロード」có trong trang!**

STEP 3 **Nhập tên "1001", mật khẩu "26202" !**

STEP 4 **Có 2 cách sử dụng thư mục âm thanh.**
Hãy nghe theo cách phù hợp với phương pháp học của mình!

- Tải file để nghe từ mục「音声ファイル一括ダウンロード」
- Ấn nút ▶ để nghe luôn tại chỗ.

※ File âm thanh đã tải về có thể nghe trên máy tính, điện thoại thông minh. Nếu tải đồng loạt thì file được nén dưới dạng file .zip. Hãy giải nén file trước khi sử dụng. Nếu không giải nén được file cũng vẫn có thể nghe trực tiếp.

Mọi thắc mắc về việc tải file âm thanh hãy liên hệ tới địa chỉ
toiawase@jresearch.co.jp (từ 9:00 ~ 18:00 ngày làm việc trong tuần)

別冊（べっさつ）
Supplementary Text
Cuốn Khác

もんだいの答え（こた）と訳（やく）

Answer and Translation
Phần trả lời và phần dịch của các bài tập

UNIT 1

1 ……………………………………… (p.18)

ドリルA ❶b ❷a ❸b ❹b ❺a
ドリルB ❶a ❷b ❸b ❹a ❺b
ドリルC ❶a みず ❷b まいにち ❸a おかね ❹b き ❺a かようび

2 ……………………………………… (p.21)

ドリルA ❶b ❷b ❸a ❹a ❺b
ドリルB ❶b ❷a ❸b ❹b ❺a
ドリルC ❶a さんにん ❷b よんさい ❸a ついたち ❹b いつかかん ❺a にがつ

3 ……………………………………… (p24)

ドリルA ❶b ❷a ❸b ❹b ❺a
ドリルB ❶a ❷a ❸b ❹a ❺b
ドリルC ❶b ひゃくえん ❷b ここのか ❸a とおか ❹a じゅうまん ❺a はっさい

4 ……………………………………… (p.27)

ドリルA ❶b ❷a ❸a ❹b ❺a
ドリルB ❶a ❷a ❸b ❹b ❺b
ドリルC ❶a ともだち ❷b おんなのこ ❸b ひと ❹b おとこ ❺a ちち

まとめもんだい A ……………………… (p.28-29)

もんだい1 [1] 2 [2] 1 [3] 3 [4] 4 [5] 2 [6] 1 [7] 2 [8] 4 [9] 3 [10] 2
もんだい2 [1] 2 [2] 1 [3] 2 [4] 4 [5] 3 [6] 3 [7] 1 [8] 2 [9] 3 [10] 4

まとめもんだい B ……………………… (p.30)

もんだい1

I worked at my part-time job on Tuesday. Many customers came to the store. At the end, a woman bought a 50,000 yen coat. She must be rich.

Tôi đã làm thêm vào thứ 3. Có rất nhiều khách tới cửa hàng. Vị khách nữ cuối cùng đã mua chiếc áo khoác 5 vạn yên. Cô ấy thật giàu có.

①かようび ②おんな ③ひと ④ごまんえん、⑤おかねもち

もんだい2

I call my family on the first of each month. I speak with my mother a lot. I have two younger sisters. They are six and eight years old. They are very cute.

Tôi thường gọi điện cho gia đình vào ngày mùng 1 hàng tháng. Tôi nói rất nhiều chuyện với mẹ. Tôi có 2 em gái. Em 6 tuổi và em 8 tuổi. Cả hai rất đáng yêu.

①b ②j ③d ④f ⑤h

UNIT 2

1 ……………………………………… (p.34)

ドリルA ❶b ❷b ❸a ❹a ❺a
ドリルB ❶a ❷a ❸b ❹a ❺b
ドリルC ❶b なんじ ❷a にじはん ❸a あいだ ❹a ごに ❺b ごぜん

2 ……………………………………… (p.37)

ドリルA ❶a ❷a ❸b ❹b ❺b
ドリルB ❶b ❷a ❸b ❹a ❺b
ドリルC ❶b いままで ❷b なにか ❸a はんぶん ❹a きょねん ❺a まいしゅう

3 ……………………………………… (p.40)

ドリルA ❶b ❷b ❸a ❹b ❺a
ドリルB ❶a ❷b ❸b ❹a ❺a
ドリルC ❶b うえ ❷a みぎて ❸a ひだり ❹a なか ❺b した

4 .... (p.43)

ドリルA ❶b ❷a ❸a ❹a ❺b

ドリルB ❶a ❷b ❸b ❹b ❹b ❺a

ドリルC ❶a ひがしぐち ❷b くに
❸a みなみ ❹b おなじ ❺a きた

まとめもんだい A .... (p.44-45)

もんだい1 [1]2 [2]3 [3]1 [4]3 [5]2
[6]3 [7]1 [8]2 [9]4 [10]4

もんだい2 [1]2 [2]1 [3]2 [4]3 [5]2
[6]4 [7]3 [8]1 [9]3 [10]2

まとめもんだい B .... (p.46)

もんだい1

I like this restaurant. I go every week. It is close to the north gate of the station and between the bank and the post office. It opens at 5:30 in the afternoon. I will be going today too.

Đây là nhà hàng mà tôi yêu thích. Tuần nào tôi cũng đi. Quán gần cửa phía Bắc của nhà ga, nằm giữa ngân hàng và bưu điện. Nhà hàng mở từ 5 giờ rưỡi chiều. Hôm nay cũng cũng sẽ đi đến quán.

①まいしゅう ②きた ③あいだ ④ごご
⑤ごじはん

もんだい2

I am a first-year student in university now. Someone who goes to the same university lives below my room. Sometimes we meet outside our rooms and talk.

Hiện tai tôi là sinh viên đại học năm thứ 1. Ở phòng ngay tầng dưới có người cùng đại học của tôi sống. Thỉnh thoảng chúng tôi gặp nhau bên ngoài và nói chuyện.

①c ②a ③g ④j ⑤h

UNIT 3

1 .... (p50)

ドリルA ❶b ❷b ❸a ❹a ❺b

ドリルB ❶a ❷a ❸b ❹b ❺b

ドリルC ❶a かわ ❷b やま ❸b さかな
❹a あめ ❺a げんき

2 .... (p.53)

ドリルA ❶b ❷a ❸a ❹b ❺b

ドリルB ❶b ❷a ❸b ❹a ❺a

ドリルC ❶b かいしゃ ❷b みせ ❸a はな
❹a ひるやすみ ❺b あいません

3 .... (p56)

ドリルA ❶b ❷a ❸a ❹a ❺b

ドリルB ❶b ❷b ❸a ❹a ❺a

ドリルC ❶a でんわ ❷b おおくて ❸a みち
❹b でんしゃ ❺b えき

4 .... (p.59)

ドリルA ❶a ❷b ❸a ❹b ❺a

ドリルB ❶b ❷a ❸a ❹b ❺b

ドリルC ❶b せんせい ❷a なまえ
❸b がっこう ❹b にほん
❺a いっぽん

まとめもんだい A .... (p.60-61)

もんだい1 [1]3 [2]1 [3]2 [4]4 [5]1
[6]2 [7]2 [8]3 [9]4 [10]1

もんだい2 [1]2 [2]4 [3]1 [4]3 [5]3
[6]2 [7]1 [8]4 [9]2 [10]3

まとめもんだい B .... (p.62)

もんだい1

I study Japanese every day at school. My teachers are interesting people. My friends are nice too. We held a birthday party yesterday. I gave flowers to my friend.

Hằng ngày tôi học tiếng Nhật ở trường. Thầy giáo là người rất thú vị. Bạn bè thì tốt bụng. Hôm qua chúng tôi đã làm tiệc sinh nhật. Tôi đã tặng hoa cho bạn.

①がっこう ②にほんご ③せんせい
④たんじょうびかい ⑤はな

もんだい2

My town is quiet. There are not many stores or people there. But there are a lot of beautiful mountains and rivers. The weather is nice every day. I like this town.

Thành phố của tôi rất yên tĩnh. Rất ít người và hàng quán. Nhưng lại nhiều sông và núi đẹp. Ngày nào thời tiết cũng đẹp. Tôi rất thích thành phố này.

①e ②j ③a ④c ⑤g

UNIT 4

1 .... (p.66)

ドリルA ❶b ❷b ❸a ❹b ❺a

ドリルB ❶a ❷a ❸b ❹b ❺a

ドリルC ❶a みなみぐち ❷b あし
❸b おおきい ❹a ふたつめ
❺b みぎて

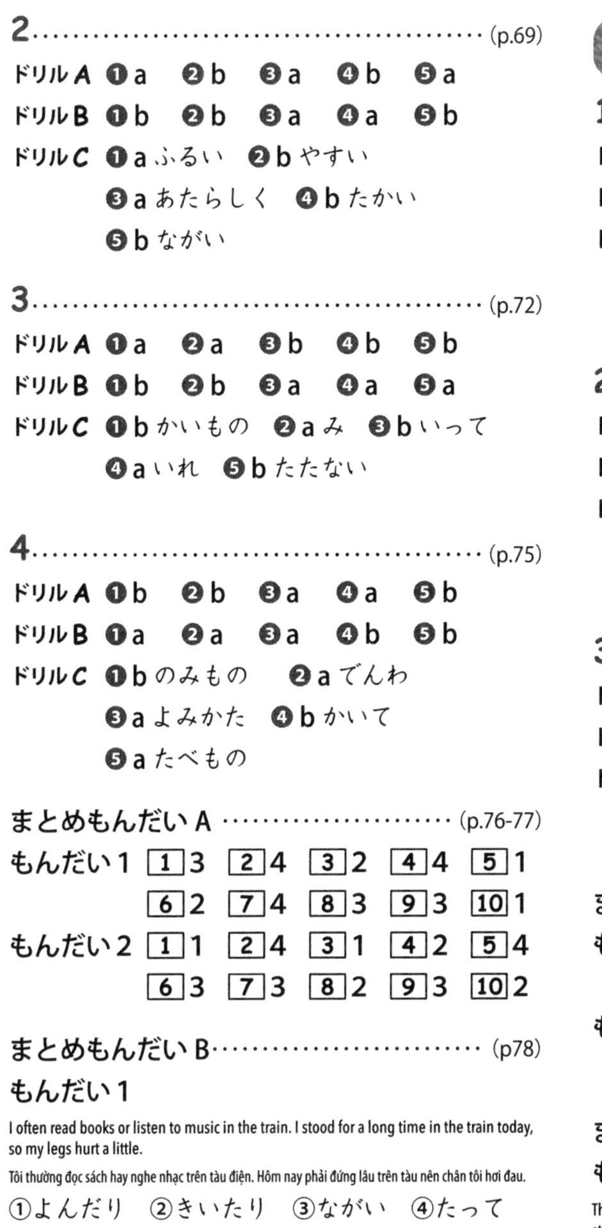

2 ………………………………………… (p.69)

ドリルA ❶a　❷b　❸a　❹b　❺a

ドリルB ❶b　❷b　❸a　❹a　❺b

ドリルC ❶a ふるい　❷b やすい
❸a あたらしく　❹b たかい
❺b ながい

3 ………………………………………… (p.72)

ドリルA ❶a　❷a　❸b　❹b　❺b

ドリルB ❶b　❷b　❸a　❹a　❺a

ドリルC ❶b かいもの　❷a み　❸b いって
❹a いれ　❺b たたない

4 ………………………………………… (p.75)

ドリルA ❶b　❷b　❸a　❹a　❺b

ドリルB ❶a　❷a　❸a　❹b　❺b

ドリルC ❶b のみもの　❷a でんわ
❸a よみかた　❹b かいて
❺a たべもの

まとめもんだい A ……………………… (p.76-77)

もんだい1 [1]3　[2]4　[3]2　[4]4　[5]1
[6]2　[7]4　[8]3　[9]3　[10]1

もんだい2 [1]1　[2]4　[3]1　[4]2　[5]4
[6]3　[7]3　[8]2　[9]3　[10]2

まとめもんだい B ……………………… (p78)

もんだい1

I often read books or listen to music in the train. I stood for a long time in the train today, so my legs hurt a little.

Tôi thường đọc sách hay nghe nhạc trên tàu điện. Hôm nay phải đứng lâu trên tàu nên chân tôi hơi đau.

①よんだり　②きいたり　③ながい　④たって
⑤あし

もんだい2

I went to a new café yesterday. I drank coffee while talking to my friends. The coffee was cheap and delicious.

Hôm qua tôi đã đi đến tiệm cà phê mới mở. Tôi vừa uống cà phê vừa nói chuyện với bạn. Cà phê rẻ và ngon.

①j　②i　③d　④e　⑤a

UNIT 5

1 ………………………………………… (p.81)

ドリルA ❶a　❷b　❸a　❹a　❺b

ドリルB ❶b　❷a　❸a　❹b　❺b

ドリルC ❶b らいしゅう　❷a がいこく
❸b しんぶん　❹a きょう
❺b だいがくせい

2 ………………………………………… (p.83)

ドリルA ❶b　❷b　❸a　❹a　❺a

ドリルB ❶a　❷b　❸a　❹b　❺a

ドリルC ❶b しゃちょう　❷b こうこう
❸a でんわ　❹a ふたり
❺b しょうがっこう

3 ………………………………………… (p.85)

ドリルA ❶a　❷b　❸b　❹a　❺b

ドリルB ❶b　❷b　❸a　❹a　❺a

ドリルC ❶a とき　❷b はいり　❸a うしろ
❹b だし　❺a はなし

まとめもんだい A ……………………… (p.86-87)

もんだい1 [1]1　[2]4　[3]2　[4]3　[5]4
[6]3　[7]2　[8]4　[9]1　[10]3

もんだい2 [1]3　[2]2　[3]4　[4]1　[5]4
[6]2　[7]2　[8]1　[9]3　[10]2

まとめもんだい B ……………………… (p88)

もんだい1

There was a soccer match yesterday. I played soccer from grade school to high school, so I still love it. 500 people came to see the match. Many people came from overseas too.

Tuần trước có trận thi đấu bóng đá. Vì đã chơi bóng đá từ cấp 1 đến cấp 3 nên bây giờ tôi cũng vẫn thích bóng đá. 50 nghìn người đã xem trận đấu. Có cả nhiều người đến từ nước ngoài.

①せんしゅう　②しょうがっこう　③こうこう
④ごまんにん　⑤がいこく

もんだい2

I went to school for the first time since the new year. The principal gave an interesting talk. I want to go to university next year, so I will study a lot this year.

Tôi đến trường lần đầu tiên trong năm mới. Thầy hiệu trưởng nói chuyện rất thú vị. Sang năm tôi muốn vào đại học nên năm nay sẽ học thật chăm chỉ.

①c　②b　③g　④f　⑤j

実力テスト 第1回

(p.89-91)

もんだい1　[1] 2　[2] 3　[3] 3　[4] 4　[5] 3
[6] 2　[7] 1　[8] 4　[9] 3

もんだい2　[10] 2　[11] 4　[12] 2　[13] 1　[14] 4
[15] 3

実力テスト 第2回

(p.92-94)

もんだい1　[1] 1　[2] 3　[3] 2　[4] 4　[5] 3
[6] 1　[7] 2　[8] 2　[9] 4

もんだい2　[10] 3　[11] 1　[12] 4　[13] 2　[14] 4
[15] 2

「漢字の 読み方」ふくしゅう ドリル

(p.102-106)

ステップ2

●れんしゅう 1　20

① ひ
② にち
③ つき
④ げつ
⑤ がつ
⑥ ひ
⑦ みず
⑧ き
⑨ かね
⑩ ど

●れんしゅう 2　21

① ひとつ
② ひとり
③ いちがつついたち
④ いちにち
⑤ ふたつ
⑥ ふたり
⑦ にがつふつか
⑧ みっつ
⑨ さんにん
⑩ さんがつみっか
⑪ よっつ
⑫ よねん
⑬ しがつよっか
⑭ いつつ
⑮ ごねん
⑯ ごがついつか
⑰ むっつ
⑱ ろくねん
⑲ ろくがつむいか
⑳ ななつ
㉑ ななねん
㉒ しちがつなのか

●れんしゅう３ 22

① やっつ
② はちねん
③ はちがつようか
④ ここのつ
⑤ きゅうねん／くねん
⑥ くがつここのか
⑦ じゅうねん
⑧ じゅうがつとおか
⑨ ひゃくねん
⑩ にひゃくねん
⑪ さんびゃくねん
⑫ よんひゃくねん
⑬ ごひゃくねん
⑭ ろっぴゃくねん
⑮ ななひゃくねん
⑯ はっぴゃくねん
⑰ きゅうひゃくねん
⑱ せんにん
⑲ にせんにん
⑳ さんぜんにん
㉑ よんせんにん
㉒ ごせんにん
㉓ ろくせんにん
㉔ ななせんにん
㉕ はっせんにん
㉖ きゅうせんにん
㉗ いちまんえん
㉘ にまんえん
㉙ さんまんえん
㉚ よんまんえん
㉛ ごまんえん
㉜ ろくまんえん
㉝ ななまんえん
㉞ はちまんえん
㉟ きゅうまんえん

●れんしゅう４ 23

① ひと
② おとこ
③ おんな
④ はは
⑤ ちち
⑥ とも、び

●れんしゅう５ 24

① いちじ
② にじ
③ さんじ
④ よじ
⑤ ごじ
⑥ ろくじ
⑦ しちじ
⑧ はちじ
⑨ くじ
⑩ じゅうじ
⑪ じゅういちじ
⑫ じゅうにじ
⑬ あいだ
⑭ まえ
⑮ あと
⑯ ごじかん
⑰ ふつかかん
⑱ みっかかん
⑲ よっかかん
⑳ いつかかん
㉑ むいかかん
㉒ なのかかん
㉓ ようかかん
㉔ ここのかかん
㉕ とおかかん
㉖ ごぜんくじ
㉗ ごごしちじ
㉘ ごごよじはん
㉙ まえ
㉚ ご
㉛ いっしゅうかん
㉜ いちねんはん

●れんしゅう6 25

① いま
② なんじ
③ なん
④ なんにち
⑤ なんがつ
⑥ なんねん
⑦ なんにん
⑧ なんじなんぷん
⑨ にねんせい
⑩ らいねん
⑪ よねんまえ
⑫ じゅうねんご
⑬ らいしゅう
⑭ せんしゅう
⑮ いちじいっぷん
⑯ にじにふん
⑰ さんじさんぷん
⑱ よじよんぷん
⑲ ごじごふん
⑳ ろくじろっぷん
㉑ しちじななふん
㉒ はちじはっぷん
㉓ くじきゅうふん
㉔ じゅうじじゅっぷん
㉕ さんぷんかん
㉖ まいにちごふん
㉗ まいしゅうどようび

●れんしゅう7 26

① うえ
② した
③ なか
④ そと
⑤ みぎ
⑥ ひだり
⑦ みなみ
⑧ にし
⑨ きた
⑩ ひがし
⑪ おなじくに

●れんしゅう8 27

① やま、なか
② かわ
③ さかな
④ そら
⑤ てんき
⑥ あめ
⑦ あたら
⑧ しろ
⑨ あ
⑩ かいしゃ
⑪ やす
⑫ えき
⑬ みち
⑭ でんわ
⑮ くるま、さんじゅっぷん
⑯ でんしゃ
⑰ おお
⑱ すく

●れんしゅう9 28

① がくせい
② せんせい
③ がっこう
④ せんげつ
⑤ せんしゅう
⑥ ほん
⑦ いっぽん
⑧ にほん
⑨ さんぼん
⑩ にほんごがっこう
⑪ なまえ

●れんしゅう⑩ 29

① め
② みみ
③ くち
④ きたぐち
⑤ て
⑥ あし
⑦ しょうがくせい

⑧ たか
⑨ やす
⑩ しろ
⑪ あたら
⑫ ふる
⑬ なが

●れんしゅう⑪ 30

① い
② く
③ い
④ いりぐち
⑤ で
⑥ でぐち
⑦ た
⑧ み
⑨ か
⑩ かいもの
⑪ た
⑫ の
⑬ い
⑭ はな
⑮ き
⑯ よ
⑰ か

●れんしゅう⑫ 31

① しんねん
② こんしゅう
③ こんげつ
④ きょう
⑤ ことし
⑥ だいがく
⑦ しんぶん
⑧ らいしゅう
⑨ らいげつ
⑩ らいねん
⑪ で
⑫ がいこく
⑬ がいこくじん

●れんしゅう⑬ 32

① しょうがっこう
② ちゅうがっこう
③ こうこう
④ しょうがくせい
⑤ ちゅうがくせい
⑥ こうこうせい
⑦ だいがくせい
⑧ こうちょう
⑨ しゃちょう
⑩ にほんじん
⑪ なんにん
⑫ ひとり
⑬ ふたり
⑭ さんにん

●れんしゅう⑭ 33

① はい
② あと
③ うし
④ さき
⑤ だ
⑥ とき
⑦ はなし
⑧ まいとし